はじめに

言うまでもなく介護分野の人材不足は深刻である。そのため、外国人介護士（職員）への期待は高まっている。実際、介護施設を中心に多くの外国人介護士が活躍している。しかし、外国人介護士の受入れについては手続きが複雑化している。しかも、そのルートについても数種類あり、それに応じて費用や対応が異なり簡単ではない。

また、外国人介護士を受け入れたとしても、必ずしも長く定着するとは限らない。例えば、EPA ルートでは1年程度で帰国してしまい、受入れ側の施設としては期待外れであったというケースも少なくない。多くの介護事業者（介護施設経営者）は、外国人であれば出稼ぎを目的に来日するという認識から、長く彼（女）らが日本で働くと考えている人も多い。

しかし、実際の外国人介護士らは長くとも3年～5年で帰国する者が大半で、10年以上も日本で働くケースは少ない。

その意味で、本書は外国人介護士を受け入れるにあたって、その手続きや対応について現場目線で解説したものであり、その受入れを考えている介護事業所にとっては入門書的な機能を有している。

また、外国人介護士を受け入れるにあたっての対応事例などにも触れており、その実態に関心ある市民や高齢者などにも参考となるであろう。実際、介護施設に入所するとなれば、外国人介護士により介護されることも想定され、彼（女）らの来日プロセスなどを知ることで、介護業界についてより知識を高めることに役立つであろう。

本書を目にしていただくことで、多くの方が外国人介護士について身近に考えていただくこととなり、より深く介護業界の現実を知っていただければ幸である。

2021年1月

淑徳大学教授　結城康博
（執筆者を代表して）

目　次

外国人介護士の協力なくしては成り立たない日本の介護現場

1 深刻化する外国人介護士

全国社会福祉協議会「中央福祉人材センター」によれば、全国の介護関連職種の有効求人倍率をみてみると、深刻な状況がうかがえる。特に、介護職に関しての有効求人倍率は７倍以上となっている。ましてホームヘルパーでは、信じられない数値となっている（表１－１）。

表１－１：介護関連職種の有効求人倍率の動向（倍）

	ホーム ヘルパー	介護職 (ヘルパー以外)	相談・支援・指導員	介護支援専門員	看護職
2020年7月時点	25.66	7.13	3.00	5.82	24.78

全国社会福祉協議会「中央福祉人材センター」
「福祉人材センター・バンク職業紹介実績報告」より作成

しかし、超高齢化社会が進む中で介護人材を増やしていかなければならず、2025年には現行よりも30万人以上もの介護人材がさらに求められるとの推計も公表されている。特に、介護分野で必要とされる就業者が求められている（表１－２）。

表１－２：需要面から推計した医療福祉分野の就業者数（万人）

	2018年度	2025年度	2040年度
介護	334	406	505
医療	309	332	328
その他福祉	180	203	233

2040年を見据えた社会保障の将来見通し（議論の素材）
（内閣官房・内閣府・財務省・厚生労働省平成2018年5月21日）

今から約10年前、政府は「2007年から2025年にかけて、生産年齢（15〜64歳）人口は約15%減少し、労働力人口も約５～13%程度減少すると見込まれる。一方、必要となる介護職員数は倍増すると推計される。この結果、現行のサービス水準を維持・改善しようとする場合、労働力人口に占める介護職員数の割合は、2007年から2025年にかけて、倍以上になる必要があると見込まれる。」[1)] との見通しから、介護人材養成・確保の重要性を課題としてきた。

そこで、外国人介護士によって一定程度介護人材の不足分を補うという議論がなされ、既に多くの外国人介護士が日本の介護施設等で活躍している。

2 EPA（経済連携協定：Economic Partnership Agreement）

(1) ３カ国に限定

実際、日本で働いている外国人介護士は大きく５つに分類できる。１つはEPA（経済連携協定：Economic Partnership Agreement）事業の一環で、毎年、インドネシア、フィリピン、ベトナムから来日して３年間介護施設で働き介護福祉士の国家試験に合格すれば定住権が与えられるルートだ。そして、本人が望めば永久に日本で働くことができる。

この事業に基づく外国人介護士による研修や雇用環境の整備には、一部、公費が用いられている。なお、これら３カ国別の介護福祉士国家試験の合格状況は、ベトナムが良好となっている（表１－３）。

表１－３：EPA 事業による介護福祉士国家試験の現状（人）

	第 29 回 (2016 年度)	第 30 回 (2017 年度)	第 31 回 (2018 年度)	第 32 回 (2019 年度)
インドネシア	99（62）	125（54）	189（65）	209（82）
フィリピン	67（28）	124（48）	172（79）	223（74）
ベトナム	―	95（89）	104（92）	141（130）

（　）は合格者

厚生労働省「第 32 回介護福祉士国家試験における EPA 介護福祉士候補者の試験結果」より作成

そのため、外国人介護士は「外国人介護福祉士候補者」として雇用されている。しかし、不合格の場合は帰国しなければならないものの、一定の水準（合格基準点の５割以上の得点）に達していれば、次年度も受験のチャンスが得られ、一定の手続きを経て１年間そのまま就労できることとなっている。

(2) これまで約 5000 名が来日

EPA の枠組みで外国人介護士が日本に初めて来日したのが、2008 年度インドネシアがはじまりであり、当時 104 名であった。2009 年度からはフィリピンからの来日を迎え、2014 年度にはベトナムも加わり、2019 年度までに 5026 名（824 施設）の EPA による外国人介護士が来日している[2)]。もちろん、これら 5026 名のなかには既に母国に帰国している者も多い。

ただし、３カ国（インドネシア人、フィリピン人、ベトナム人）における介護福祉士候補者の要件は、若干、異なっている（表１－４）。日本語能力試験認定（N1～N5）に一定程度合格していないと来日することはできないが[3)]、そのレベルは各国によって異なっている。しかし、ベトナムにおいては来日前の条件が N3 とレベルが高いことが、既述のような合格率の高さの背景にあると考える。

表１－４：EPA による３カ国ごとの外国人介護士候補者の受け入れ条件

インドネシア人 介護福祉士候補者	フィリピン人 介護福祉士候補者	ベトナム人 介護福祉士候補者
①から③までのいずれかに該当する者であること。 ①　インドネシア国内にある看護学校の修了証書Ⅲ以上取得者 ②　インドネシア国内にある大学の看護学部卒業者 ③　インドネシア国内にある①・②以外の大学又は高等教育機関から修了証書Ⅲ以上の学位を取得し、かつ、インドネシア政府により介護士として認定された者	①又は②のいずれかに該当する者であること。 ①　フィリピン国内にある看護学校卒業者 ②　フィリピン国内にある高等教育機関から学位号を取得し、かつ、フィリピン政府により介護士として認定された者	ベトナム国内における３年制又は４年制の看護課程の修了者
訪日前日本語研修受講後に日本語能力試験 N4 程度以上に達していること。	訪日前日本語研修受講後に日本語能力試験 N5 又は N4 程度以上に達していない者は原則来日できない。	訪日前日本語研修受講後に日本語能力試験 N3 以上に合格していること。
訪日後日本語研修及び介護導入研修を修了していること。		
JICWELS（公益社団国際厚生事業団）の紹介による受け入れ機関との雇用契約を締結していること。		

公益社団国際厚生事業団
「2021 年版 EPA に基づく外国人介護士・介護福祉士候補者受け入れパンフレット」14 頁

(3) 介護施設側の費用負担

EPA に基づくルートで外国人介護士を雇用する場合は、原則、介護施設のみでしか認められていない。具体的には介護保険３施設、認知症グループホーム、特定施設、通所介護、通所リハ、認知症デイ、ショートステイである。ただし、介護福祉士の資格取得後は、一定条件を満たした事業所の訪問系サービスにおいても可能となっている。

なお、EPA による受け入れ調整機関は JICWELS（国際厚生事業団）のみであり、受け入れ希望機関（介護施設側等）の募集は、毎年１度となっている。

受け入れ機関は、JICWELS（国際厚生事業団）に「求人申込手数料２万円～３万円」「あっせん手数料 131 万円／１名当たり」「送り出し国への支払い３万円～５万円／１名当たり」「来日当初の看護・介護導入研修10万円～20万円／１名当たり」を支払うこととなっている。また、日本語研修実施機関にも「日本語研修の一部負担金26万円～36万円」を支払うこととなっている。その他にも諸々の負担がある[4)]。

このように１人の外国人介護士を雇用するに当たっては、受け入れ機関は少なくとも約150万円以上の費用負担が生じる。

3 日本の介護福祉士養成校を卒業した在留資格者

(1) いわゆる介護留学生

外国人介護士が日本で働く２つめのルートとして、日本の介護福祉士養成校に通う外国人留学生が卒業して介護福祉士資格を取得することで、「介護」という在留資格を取得できる制度がある。つまり、介護福祉士資格を取得できる専門学校や短大などに「留学」した外国人学生が卒業後、介護福祉士として働くルートである。

このルートで来日して働く外国人介護士は、在留資格「介護」の在留期間は、本人が望めば、更新でき永続的に働くことができる。しかも、介護福祉士養成校での留学生の入学者選抜について日本語能力試験N2以上に合格、もしくは日本語教育機関で６カ月以上教育を受け日本語試験でN2相当以上となっているため[5)]、雇用時には日本語能力が高いレベルの外国人介護士として働くことになる。

なお、介護福祉士養成校の学生時から、介護施設等でアルバイトとして雇用することも可能である。

(2) 外国人留学生が命綱

そもそも日本では介護施設で働く際、資格がなくとも介護職員として雇用されれば、そのままプロとして働くことができる。そのため、介護施設では全く資格がない者が介護職員として働いていることは珍しくない。

しかし、在宅介護のヘルパー業務では、生活援助などの掃除や洗濯、買い物などのケアを除けば、「介護初任者研修修了」の資格を有していないとプロの介護職員として働くことはできない。その意味では、外国人介護士は、原則、介護福祉士国家試験に合格しない限り、介護施設等以外で働くことはできない。

なお、介護福祉士国家試験を受験するには、いくつかのルートがあるが、①介護福祉士養成学校で２年以上学び国家試験に合格する、②３年以上介護現場で介護職に従事したのち規定の講習を受けて国家試験に合格する、といったように例外はあるものの大きく２種類となっている。その意味では、既述のEPAルートで来日する外国人介護士は、３年以上日本で介護の仕事に従事しなければならないということになる。

しかし、高校生や若い世代が介護福祉士国家資格を取得するには、２年間の介護福祉士養成学校（専門学校もしくは短大）もしくは介護系４年制大学で学び、国家試験に合格するルートを選ぶのが効率的なのだが、（表１－５）からもわかるように、年々、介護福祉士養成学校の入学者は減少傾向にある。いくら高校生や若者を募集しても、少子化も伴って、学生が集まらず、やむなく閉校にしているのが実態だ。

表1－5：介護福祉士養成施設の定員充足状況の推移

	2013年度	2014年度	2015年度	2016年度	2017年度	2018年度
養成校数	378	377	376	377	372	366
定員数	18,861	18,041	17,769	16,704	15,891	15,506
入学者数	13,090	10,392	8,884	7,752	7,258	6,856
外国人数	—	17	94	257	591	1,142
定員充足率	69.4%	57.6%	50.0%	46.4%	45.7%	44.2%

公益社団法人日本介護福祉士養成施設協会『介養協News速報（30No.2）（通巻27）』
2018年10月12日より

(3) 日本人の国内アジア留学

介護養成校の定員充足率が、2016年度以降、5割を下回り続けていることは、介護関係者にとって衝撃的事実として受け止められている。つまり、高校生を中心に若い世代にとって介護職員という進路は魅力のない選択肢として徐々に浸透しているということだ。また、注目すべきデータとしては、介護福祉士養成学校の入学者に占める外国人の学生の割合が高くなっており、2018年度は1,142人で、全入学者の16.7％を占めていた。

もっとも、2019年度は介護養成校へ入学した人が6,982人となり2018年度より126人多く、増加は2013年度以来6年ぶりとなった。確かに、入学定員に対する充足率も48.5％と多少改善した。しかし、外国人留学生が前年度の1,142人から2,037人へほぼ倍増し、入学者全体に占める割合が約3割に達したためである。つまり、日本人の入学者は減り続けているのだ[6)]。

筆者の研究者仲間でも短大・専門学校といった介護福祉士養成学校に勤務している者もおり、定員割れがあたりまえの介護養成校において、外国人留学生を獲得することは短大・専門学校存続の生命線とまで言われている。実際、介護福祉士養成学校を卒業した外国人留学生は、既述のように介護職に就けば就労ビザを長期的に取得でき、日本での一定期間の雇用が法律上認められる。

(4) 仲介ビジネス業の存在

そのため、東南アジアを中心に、介護福祉士養成学校へ留学を促すビジネスも存在している。いわゆる「外国人介護留学生仲介業ビジネス」である。これらは、EPA と異なり政府事業でないため、①受け入れ機関（介護施設等)、②外国人介護留学生、③日本語学校（日本)、④仲介ビジネス業者（送り出し業者と受け入れ業者)、といった４者の関係でビジネスが成立する。

日本人の入学者が減少し続けている介護養成学校にとって、外国人留学生は定員充足のための重要な鍵となっている。つまり、外国人留学生は一定の手数料を仲介業者に支払い、受け入れ機関（介護施設等）も仲介業者に負担する。そして、それらの資金を基に仲介業者は、留学のための日本語学校（１年程度)、そして、介護養成校を斡旋し、留学生らが日本で学び、そして介護施設に就職させていくルートをマネジメントしている。

なお、多くの留学生らは日本語学校に通い、並行して就職予定の介護施設でアルバイトしながら学業と生計を維持するケースが多い。受け入れ機関（介護施設等）にとっても、アルバイト学生が介護現場で働くことで「人手」として助かることになる。

また、自治体（例えば、千葉県など）によっては、これら留学生の介護養成校の授業料を補助し、例えば５年間、当該自治体の介護施設等で働けば返還義務が免除されるといった公共サービスを展開している事例も見受けられる。自治体にとっても介護人材不足対策の一環となり、留学生も就職後に授業料を返還せずその分を預貯金に充てることができる。

しかし、このルートは、受け入れ機関（介護施設等）としては、直ぐに外国人介護士としての戦力を獲得できることにはならない。基本的には日本語学校（１年間）、介護養成校（２年間）と、３年間は学生として支援していくことになる（アルバイト等の「人手」は見込めるが）。その意味では、即戦力としてのメリットが薄い。

(5) 介護福祉士国家試験の義務化延長

なお、介護養成校を卒業しても、本来、介護福祉士国家試験に合格しなければ介護福祉士の資格を取得できない。しかし、外国人留学生が合格しないケースを考慮して、国家試験に合格しなくても資格を得られる特例措置が５年間延長され、これら国家試験の完全義務化は2027年度以降となっている。

具体的には特例措置の期間は、介護養成校を卒業して介護福祉国家試験に合格しなくても、介護現場で５年間働き続けることで資格取得できる仕組みとなっている。しかも、この期間は合格しなくとも介護福祉士としての資格が付与されている。

4 外国人技能実習生

(1) 労働力の補完は否めない

「外国人技能実習制度」とは、日本から諸外国への「技能」移転を目的とした制度である。つまり、外国人を日本の各現場に一定期間実習生として受け入れ、仕事を通じて技能や技術等を学んでもらうシステムである。そして、帰国後に母国の経済発展に役立ててもらうことを目的としている。

確かに、技能移転となっている事例も少なくはないが、これらの多くは慢性的な日本社会における、人材不足部門の労働力の「補完」として機能している側面がある。例えば、農業、漁業、工場、建設業など、多くの外国人技能実習生の労働力によって日本社会は支えられているのが実態である。その産業の１つとして「介護」分野も存在している。

なお、この制度は来日した外国人の「失踪」問題が相次いでいることから、マスコミなどを通じて社会問題にもなっている（図１－１）。

図１－１：技能実習生の失踪者数（人）

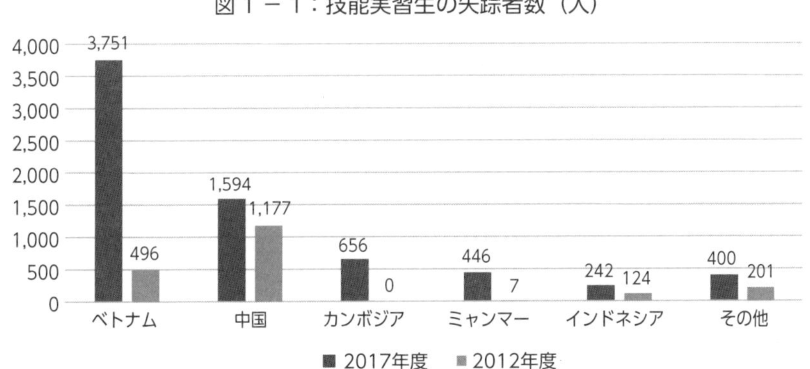

法務省「技能実習制度の現状（不正行為・失踪）」平成 2018 年３月 23 日 10 頁

(2) 来日の要件

日本で来日して介護現場で実習（労働）するためには、入国時は N4 程度、１年後には N3 程度が要件となっている。この１年後に N3 程度という要件は、「介護」分野のみであり、他の産業部門では N4 のままでも働き続けられる。介護は「対人」関係が重要視される仕事であるため、日本語能力について来日１年後には「N3」程度が要件となっている。

しかし、1年後に「N3」程度に満たない場合には、当面、雇用されている事業所で介護の技能の習熟のために必要な日本語を学ぶことなどを条件に、引き続き3年目まで在留することができる[7)]。後章で詳しく外国人技能実習制度における外国人介護士については触れることとする。

5 特定技能

「特定技能1号」ルートによる外国人介護士は、明らかに「人手不足」対応のために一定の専門性・技能を有する外国人を受け入れることを目的とした制度である。2019年4月から始まり、就労目的の外国人材を受け入れるために在留資格が認められている[8)]。

来日に当たっては、「介護技能水準」「介護日本語能力水準」試験を課し、一定の能力が確認されれば入国が許可される。そして、介護事業所で最大5年間雇用されることができ、その後、介護福祉士の国家資格を取得すれば、在留資格は「介護」に変更され、永続的に働くことができる。

2020年6月に実施されたフィリピンを対象とした試験結果では、「介護技能評価試験（46人中22人合格）」「介護日本語評価試験（43人中19人合格）」となっている（厚生労働省HPより2020年7月27日公表）。

6 在日外国人による介護士

(1) 在日外国人介護士の実態

５つ目の外国人介護士ルートとしては、そもそも日本人と結婚した外国人（例えば、フィリピン人など）などで、既に定住権が与えられ日本での労働が保障されている事例である。その意味では、介護士以外の事務職や飲食業のウエイトレスといった職業に就いている在日外国人も対象となる。

かつて筆者は、都内の某特養ホームを訪ねたことがある。この施設では全介護士のうち約２割を在日外国人で賄っている。これら全ての外国人介護士はヘルパー有資格者で、数年間継続して働き続けている者も多い。ただし、施設長によれば数カ月で辞めてしまう人も少なくないという。

その要因としては「言葉」の問題や「文化」の違いもあって、高齢者や職員間とのコミュニケーションを築くのが苦手で辞めてしまうというのだ。数年間働き続けている介護士らは、「人」との関わりが好きで、併せて「介護」という仕事自体に誇りを持っているケースが多い。

なお、施設としても教育システムには力を入れている。在日外国人の中には、上司の指示を理解していなくても、「だいじょうぶ、分かった！」と返事する者もおり、業務を充分に認識しておらず問題が生じてしまうこともある。

そのため、教育する日本人介護士らは、在日外国人介護士と日頃からコミュニケーションを取り、気軽に話せる関係を築くようにしているそうだ。そして、「分からない」ことは、直ぐに質問するように促している。

なお、在日フィリピン人の女性の中には離婚して母子家庭で生活している人もいるため、施設側も生活全般の相談にのることが多い。週１回は、地域のボランティアの人たちによる日本語教室が開催されており、在日外国人の介護士らが定期的に勉強に通っている。

(2) 社会貢献という意味も

話をうかがった施設長によれば、介護人材不足のため敢えて在日外国人の雇用を継続しているものの、併せて「社会・地域」貢献という位置づけで社会福祉法人（介護施設）の果たす役割も大きいという。

既述のように離婚による母子家庭事例も少なくなく、その雇用先として介護施設が機能している。雇用が安定すれば子供らの生活も安定する。日本人の母子家庭の母親でさえ、働き先を見つけるのに苦労しているケースも多く、在日フィリピン人などはさらに厳しくなる。

ただし、施設側も慈善事業をしているわけではないため、一人前の介護士になってもらうために、丹念に指導していかなければならないそうだ。そのため、外国人介護士を受け入れる比率としては、全介護士のうち２割程度が限界であるという。やはり日本人スタッフがしっかりしなければ、外国人介護士は育たない。いわば国籍を問わず介護人材を育てるのには、一定の時間と手間がかかるということである。

なお、EPA 事業による外国人介護士の受け入れについて話を聞いたのだが、相当な費用を出費しなければならず、施設としては経営的に難しいということであった。特に、日本語教育と国家試験対策まで施設側が面倒をみなければならず、EPA 事業は財政的に体力のある介護施設でなければ難しいということであった。

(3) 在日フィリピン人介護士らに話を聞く

在日フィリピン人介護士のＡさんはヘルパー有資格者で、この介護施設で働いて４年目となる。日本語も流暢で夜勤業務もこなしていた。日本人男性と結婚したが離婚。シングルマザーとして、小学生の子供を育てているという。

定住権があるため他の仕事も選択できるが、フィリピンに居た時から医療・介護関係の仕事に関心があり、日本で働くことになったので「介護」の仕事に就いたそうだ。この施設は日本人スタッフが丁寧に教えてくれるので働き続けられる。今後も、介護士の仕事をこの施設で続けたいということであった。友人の在日フィリピン人は、事務職やウエイターなどの仕事もしているという。

また、同じく在日フィリピン人の介護士Ｂさんは、日本人の夫と小学生２人の４人家族で介護士の仕事に従事。日中勤務のみで２人の子供を学童保育に預けながら「介護」の仕事をしている。

フィリピンではリハビリテーション関係の有資格者でもあり、日本でも家計の足しにと働くことになり仕事に就いたという。しかも、子育てをしているので、周りからも「介護」の仕事をしていると信頼され、学校関係者にも理解されやすいという。繰り返しになるが、当施設の日本人スタッフが親切にしてくれるため、働き続けられるということであった。

7 日本人と外国人介護士との関係

(1) 超高齢化少子化時代に

既述のように介護現場では慢性的な人材不足が続き、2025年に団塊の世代が75歳に達する時期までに、多くの介護士を賄えるか否かが大きな焦点となっている。このような慢性的な人材不足の大きな背景には、低賃金化によって若年世代層が介護職を魅力あるものと認識せず、多くの人々が介護分野へ移転しないことが挙げられる。

その意味では、介護士の賃金水準を全産業平均レベルにまで押し上げるには、さらなる介護保険給付費の伸びが必要となる（大幅な介護報酬の引き上げなど）。

言うまでもなく「介護」は「対人」サービスであるため、経営的には人件費比率が大きく関連する。確かに、一定の介護事業所による創意工夫で介護士の賃金を引き上げることは可能であろう。しかし、全体的には介護保険給付費を介護経営の拠り所としていることから、一般論としては大幅な介護報酬の引き上げがなければ、かなりの賃金水準に引き上げていくことは難しいであろう。

しかし、ただでさえ将来的な介護保険給付費の伸びが予測され、医療や年金と比べてもその対前年度比がもっとも高いのが「介護」であることから財政上の制約は厳しい。特に、2025年団塊の世代が75歳に達する時期には、介護保険給付費が約20兆円にも達するとされている。

労働者人口が減少しサービスを受ける高齢者人口が急増する現状において、社会保障制度の問題は国家運営においても重要な課題となっている。しかも、今後の介護保険給付費の伸びを緩やかに模索する政府財政部門の動きを考えれば、他産業の労働市場に勝てるだけの介護士らの人件費の引き上げは、大きな課題に直面しているともいえる。

(2) 日本人介護士の重要性

そもそも、介護は単に「人」の身体ケアをするだけではなく、高齢者などとコミュニケーションを取りながら精神的な支えとならなければならない[9)]。外国人が日本でこのような役割を担うには、それなりの時間と研修が必要である。そのような意味で、今後、マンパワー不足が懸念されるとしても、決して介護従事者の主流が外国人であるべきではない。

ただし、筆者は、外国人介護士を消極的に考えているのではない。むしろ、将来的には、積極的に専門性が担保された外国人の「労働力」が不可欠な時代が来ると想定している。

つまり、優秀な外国人介護士を養成するためには、日本人の従事者らが現場で主流となって、その専門性を外国人らに教示することが必要であり、しっかりと日本人介護士が現場で定着していなければならない。

(3) 単純には代替できない

将来的に外国人介護士なくして日本の介護が成り立たない時代が来ることを見込み、先行投資的な意味合いで外国人介護士を受け入れている介護施設等も多い。ただし、社会全般として外国人介護士の受け入れは、「介護人材不足」という視点からの側面が強い印象を受ける。いわば現場では目の前の人材不足について対応することに迫られているといった視点で、外国人介護士を受け止めている。

しかし、外国人介護士の受け入れには、介護施設等の経済的負担もあり、必ずしもメリットばかりではない。場合によっては、日本人介護士を養成するよりも時間も経費も負担しなければならないであろう。その意味では、単純に人材がいないから外国人介護士に期待するといったものでもない。

確かに、介護保険制度は必要不可欠な制度であるものの財政的に非常に厳しい状況が生じている[10)]。しかし、単に介護現場が人材不足であるからといって、単純に外国人介護士にその代替を求める議論は、短期的には一般的な日本人介護士の抜本的な賃金水準の向上を阻む結果にもつながりかねない。

(4) 日本経済の動向

現在、介護士の抜本的な賃金水準を向上させていくことは難しいため、多くの介護人材を確保する方法の１つとして、外国人介護士への期待が高まっている。しかし、この先、日本に外国人介護士が多く来日した際、同水準のままでよいとは思えない。

確かに、現在は日本の貨幣価値は、東南アジア諸国と比較してもかなり高く、日本の介護士の賃金水準でも充分に母国へ仕送りすることができる。実際、既に日本で働いているインドネシア介護士たちの大部分は賃金の一部を、母国の家族に仕送りしている。

しかし、このような日本経済の強さが続く保障はない。むしろ、超少子化時代の到来を迎えている日本社会に対して、いずれ若者が多い東南アジア諸国に追いつかれ、追い抜かれていくとも限らない。

繰り返すが、日本の生産年齢人口の減少を考えれば、将来的に外国人介護士の協力を得なければ介護現場を支えていくことはできない。しかし、そうであっても大部分は日本人介護士が介護現場の主流であり続け、全体の介護士のうち多くとも外国人介護士は２割程度しか充足できないのではないだろうか。

その意味で、外国人介護士の問題を単なる人材不足の論点で理解するのではなく、日本人介護士の処遇改善も並行して考えていく必要がある。

8 私生活を踏まえた受け入れ体制

繰り返すが、これまで外国人介護士の受け入れは、「EPA（経済連携協定）」「日本の介護福祉士養成校を卒業した在留資格『介護』を持つ外国人（介護系専門学校等の留学生）」「技能実習制度」「在日外国人介護士」と、2019年４月から新たに「特定技能１号」という枠組みでも、５つのルートで受け入れが可能となった。

しかし、当然のことだが、他の産業と異なり介護業務はルーチン的な「仕事」の流れではないため、日本語能力は就労するうえで最重要となる。高齢者の「ケア」は個人ごとにそれぞれ異なるため、千差万別の介護手法を習得していかないと、一定の介護の質の担保は難しい。

例えば、新たな「特定技能１号」ルートで入国する外国人介護職員に問われる日本語能力は、これまでの枠組みよりはハードルが低いと考えられる。なぜなら、必ずしも日本語能力試験（N2～N4相当）をクリアしなくとも、入国前の試験等で「ある程度日常会話ができ、生活に支障がない程度の能力（日本語能力判定テスト）」「介護の現場で働く上で必要な日本語能力（介護日本語評価試験）」が確認されれば入国が可能となっているからだ。

その意味では、外国人介護士の質の向上は、日本語能力にも大きく関連することになる。つまり、来日した外国人介護士の日本での生活が充実することが不可欠である。語学は、職場の人間関係のみでは上達しない。私生活での充実が大きく関係してくる。いわば外国人介護士を受け入れるということは、彼（女）らの生活全般を支援していくことである。

注

1）内閣官房国家戦略室「新成長戦略実現会議第2回会議議事要旨」2010年年10月8日
2）国際厚生事業団「2021年版EPAに基づく外国人介護士・介護福祉士候補者受け入れパンフレット」38頁
3）N1…幅広い場面で使われる日本語を理解することができる。N2…日常的な場面で使われる日本語の理解に加え、より幅広い場面で使われる日本語をある程度理解することができる。N3…日常的な場面で使われる日本語をある程度理解することができる。N4…基本的な日本語を理解することができる。N5…基本的な日本語をある程度理解することができる。（日本語能力試験ホームページ http://www.jlpt.jp/about/levelsummary.html）
4）国際厚生事業団「2021年版EPAに基づく外国人介護士・介護福祉士候補者受け入れパンフレット」27～28頁
5）三菱UFJリサーチ&コンサルティング株式会社「外国人介護職員の雇用に関する介護事業者向けガイドブック」平成31年3月7頁
6）JOINT介護のニュースサイト「介護福祉士の養成校、外国人が倍増～入学者の3割に定員の充足率も上昇～」2019年9月5日（https://www.joint-kaigo.com/）
7）三菱UFJリサーチ&コンサルティング株式会社「外国人介護職員の雇用に関する介護事業者向けガイドブック」平成31年3月8頁
8）三菱UFJリサーチ&コンサルティング株式会社「外国人介護職員の雇用に関する介護事業者向けガイドブック」平成31年3月9頁
9）結城康博「社会保障制度における介護保険制度の意義—社会保険と福祉制度からの考察」『現代思想2009年2月号』青土社2009年2月
10）白澤政和『介護保険制度のあるべき姿』筒井書房2011年238頁

監理団体と送り出し機関

1 技能実習制度を通して

(1) 技術移転

本書の第1章で触れたように、2020年6月現在、外国人介護職の受け入れには、様々なルートがある。ここでは、主に「技能実習制度」における外国人技能実習生の受け入れについて説明する。技能実習制度は、1993年に創設され、その目的は、国際貢献のため、発展途上国等の外国人を日本で一定期間（最長5年）に限り受け入れ、OJT（On-The-Job Training）を通じて技能を移転する制度だ。

未だに移民政策を認めない日本においては、労働を目的とした在留資格の取得は難しく、あくまでも技術移転を名目とした「技能実習」の名のもとに外国人の受け入れを行っている。2019年10月末で約26万人が在留しており、外国人労働者の総数は約128万人であるから、全体の約20％が技能実習生ということになる。

国別にみると、第1位がベトナムで約10万人、中国が約8万4千人、フィリピン2万6千人と続く。2017年に介護職が追加され、介護サービスの特性に基づく様々な懸念に対応するため、介護固有の要件が定められている。

(2) 企業単独型と監理団体型

技能実習制度による受け入れは、企業単独型と監理団体型の2パターンがある。企業単独型は、日本の企業の現地法人等から実習生を受け入れるパターンで全体の2.4％に過ぎない。残りの97％以上は監理団体型で、監理団体を通じて実習生を受け入れることになる。

本章では、筆者が代表理事を務める「介護ヒロシマ協同組合」の設立経緯をもとに、監理団体型の技能実習生受け入れにおける監理団体の役割、海外の送り出し機関との連携、監理団体の選び方、外国人受け入れの留意点について述べよう。

まず、監理団体の要件だが、基本的に営利を目的としない法人が大前提で、①商工会議所②商工会③中小企業団体（協同組合）④職業訓練法人⑤農業協同組合⑥漁業協同組合⑦公益社団法人⑧公益財団法人に限られている。

加えて介護職種の法人には、介護職種の実習実施者が組合員又は会員であることと、役職員に介護職として５年以上の経験を有する介護福祉士等がいるものであることが規定されている。なお、一般の監理団体は特定監理団体とし、優良な実習実施者及び監理団体は一般監理事業として許可を得ることができ、技能実習３号の受け入れが可能になり、受け入れ人数の上限が引き上げられるなどの特例が付与される。

当組合は、2015年頃から設立の準備を始め、介護事業者４社（社会福祉法人３社とデイサービス運営会社１社）にて、2018年11月に広島県から協同組合設立の認可を受け、2019年３月に外国人技能実習機構から特定監理団体としての許可を得た。その後2018年10月に中華人民共和国から３名の実習生を第１期生として受け入れを開始した。

(3) ステップを踏む

技能実習は、１号（１年間)、２号（２年間)、３号（２年間）の最長５年間行うことができる（図２－１)。１号から２号へ移行するためには、基礎級の実技及び学科試験に合格すること、２号から３号に移行する場合は、専門級の実技試験に合格する必要がある。

また、２号から３号へ移行する場合は、１カ月以上本国に帰国することも義務付けられている。2019年４月には、新しい在留資格である特定技能が新設され、技能実習３年修了者は、本国へ一時帰国することなく特定技能への在留資格の変更が可能となった。

図２－１　技能実習制度の仕組み

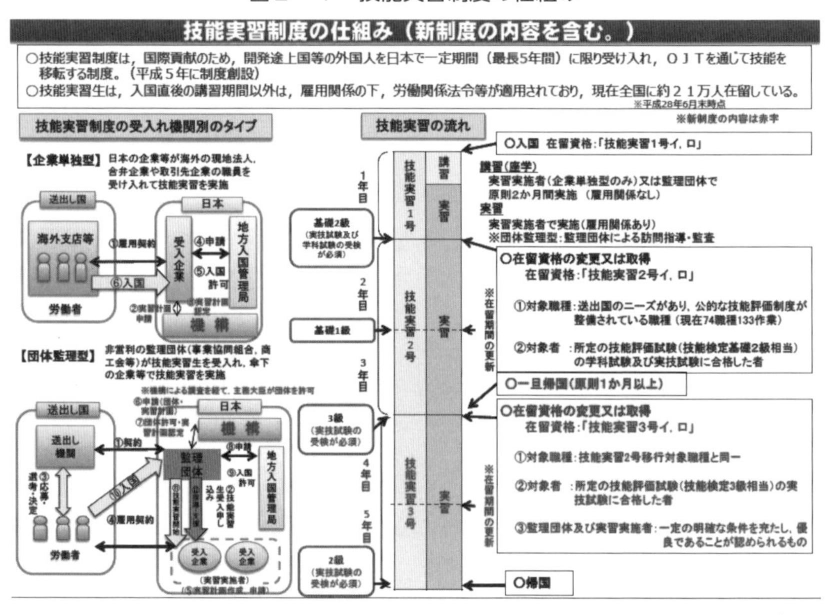

法務省ホームページより

(4) 技能実習制度の理念と概要

そもそも、技能実習制度は、わが国で培われた技能・技術又は知識の発展途上地域等への移転を図り、発展途上地域の経済発展を担う「人づくり」に寄与することを目的に創設された制度である。

そのため、国内の人手不足を補う安価な労働力確保策として扱われないように法令が整備され運用されている。技能実習生を海外から受け入れ、実際に「技能実習」を始めるためには、監理団体への入会、技能実習計画認定、入国後研修、受け入れ団体の監査・指導等多くの課題をクリアしなければならない。

(5) 技能実習制度の歴史

技能実習制度の前身である「研修制度」は、1980年代に始まり、発展途上国から日本に来て「学ぶ」ことを基本とした。1993年に、実践的な技能・技術を習得するための技能実習制度が導入されたのである。当初、在留資格上は、研修ビザ１年に特定活動の一類型として２年の合計３年間の技能実習制度として導入され運用された。

2010年に在留資格「技能実習」が新設されるまで17年にわたり、研修の名のもとに、賃金の未払いや低賃金、受け入れ企業がパスポートを取り上げたりと、多くの問題を抱えたまま継続された。

そして、2010年の入管法の改正によって、技能実習１号１年、２号２年が導入され、雇用は受け入れ企業と実習生が直接行うこと、入国後研修を２カ月行い、日本語・生活習慣・法令等に関する知識を身につけたのちに受け入れ企業にて働くといった基本が創設された。同時に受け入れ企業や監理団体に対する指導・監督・支援も強化された。

2017年には、技能実習の適正な実施及び技能実習生の保護を図るために法律が改正され、外国人技能実習機構が認可法人として新設され、監理団体は許可制、技能実習計画は認定制、実習実施者は届出制になり、技能実習生に対する人権侵害行為等については、罰則が規定された。

2 監理団体の設立、許可、運営

(1) 監理団体に入会

外国人技能実習生を受け入れるためには、監理団体型の場合、必ず「監理団体」に入会しなくてはならなない。

前述した各種団体があるが、ほとんどの場合協同組合として運営している監理団体の組合員になり、出資という形で出資金（通常１口１万円）を納める。監理団体は、一般、特定合わせて全国で3,000団体近く存在する。監理団体は、職種と受入国を外国人技能実習機構（以下OTIT）に登録していなければならない。

また、各受入国の送り出し機関と協定を結び、送り出し機関もすべて外国人技能実習機構に登録する必要がある。

介護ヒロシマ協同組合は、介護職の追加が決まった2017年３月頃から、広島県の社会福祉法人３法人とデイサービス運営会社１社の計４法人が集まり設立準備を始めた。まずは協同組合の設立だ。協同組合は非営利団体であるため、その設立の趣旨、事業計画等、組合の設立・管理・事業運営をサポートする中小企業団体中央会の厳しい審査を経て、広島県認可の申請を行った。

当組合の認可を得ることができたのは、2018年11月だから、実に１年半もの期間を要した。その後、外国人技能実習機構に監理団体の許可申請を行い、2019年３月に特定監理団体としての許可を得た。

(2) 主たる事業でない

組合設立で苦労した点は、技能実習生受け入れ事業がメインでは設立できないことである（理由は不明)。共同購入という、組合にも組合員にも煩雑でメリットの少ない事業をしないといけなかった点だ。共同購入は、各組合員が集まって共同で物品を購入し、スケールメリットを生かし、低価格で購入できる事業である。当初、各法人でそれぞれの付き合いやこれまでの経緯がある中で、仕入れ先を変えて共同購入をすることはとても難しかった（実際始めてみると、かなり高い価格で購入している物品もあり、利益率は低いが、売り上げはそれなりに大きいものになっている）。

介護職の受け入れは他職種とは異なり、介護の固有要件があり、かなり厳しいものになっている。日本語要件はN4以上、入国後１年以内にN3合格（現在は緩和）、職歴要件は介護施設で働いた経験がある、看護学校の出身者、介護士として外国政府に認定を受けたもの等となっている。

当組合の役員には、中国出身の帰化日本人がおり、彼女の故郷である山西省太原市の衛生学校と提携することができた。衛生学校は、看護師・薬剤師等を育成する高等専門学校で、１学年約1,000名総勢3,000名が在籍している。

現在、当組合で受け入れている実習生の中には、この太原衛生学校出身者がいるが、年齢的に18歳～23歳で日本語学習能力が高く、また看護知識があるので、介護職にも適応がある人材がほとんどだ。日本語能力でいうと、介護職は最低でもN4の取得が必要だが、中国人の場合漢字圏であるため早い人で２カ月、遅い人でも４カ月の日本語学習で要件獲得が可能である。

入国後の学習意欲も高く、１年後にN3を飛び越してN2を受験するような人材もいる。当組合では今後、ベトナム、ミャンマー、インドネシアからの実習生を受け入れる予定であるが、これらの国には看護学校卒業生は稀で、ほとんどが介護未経験者でN4獲得までに半年～１年が必要となっている。中国を含めほとんどの国で他人を介護することはなく、介護は家族で行うものというのが常識である。今後の経済発展とともに各国で介護保険が導入され、介護施設が一部の富裕層のためだけでない時代が来れば、本当の意味での「技術移転」が可能になるかもしれない。

(3) 監理団体の役割

監理団体の役割は、基本的には受け入れ企業から依頼を受け、送り出し機関と提携し、各職種に見合った人材を見つけマッチングし、OTITから技能実習の許可を得て、入国後講習を施し各受け入れ先に派遣することだ。受け入れ先に配属後は、技能実習が計画書に基づいて行われているかどうか、監理団体はそれをチェックする必要がある（図２－２）。

１号の間は毎月受け入れ先を訪問し、様々な項目をチェックし、実習生本人と面談を行うことが求められている。また、監理団体は、３カ月に一度監査を受けることになっていて、監査報告書をその都度OTITに提出しなければならない。また、実習生からの苦情等を母国語で相談できる体制を維持することになっている。

実習生の大半は、日本語が未熟なままで、生活習慣の違う異国での生活になる。ごみの分別から始まり、日本には多くの独自の習慣や厳しい規則がある。日本人にとっては、当たり前で簡単なことでも、外国人にとっては理解が難しく、慣れるまでに時間がかかることが少なくない。監理団体は、約１カ月～２カ月の入国後講習を行い、一般的な日本語、介護の日本語、生活習慣、法律、交通ルール等を教えるが、限られた時間の中では限界がある。

受け入れ先に配属後は、仕事と日本語の勉強で忙しい毎日を過ごすことになる。遠い異国での生活は想像以上に厳しく、体調を崩しがちになり、精神的に不安定になることもしばしばである。監理団体がどのように実習生と接し、入国後講習を通じて、個々の性格や特徴をどれだけ把握しているかが、技能実習の成功につながっていると言っても過言ではない。

多くの監理団体では、入国後講習を外部委託している。日本全国に入国後講習を請け負う会社や日本語学校が存在し、いろんな監理団体から依頼を受け、まとめて共同生活を送りながら入国後講習を行い、各受け入れ企業へと送り出す。実習生は様々な職種の様々な人種と交流ができる反面、人種間での横のつながりが深くなり、失踪の手引きや恋愛を含めた様々な誘惑を受けることがある。当組合では、入国から企業への受け渡しを独自の研修センターで行っている。１カ月間の研修を通じて、

図２－２：技能実習の実施に必要な手続き

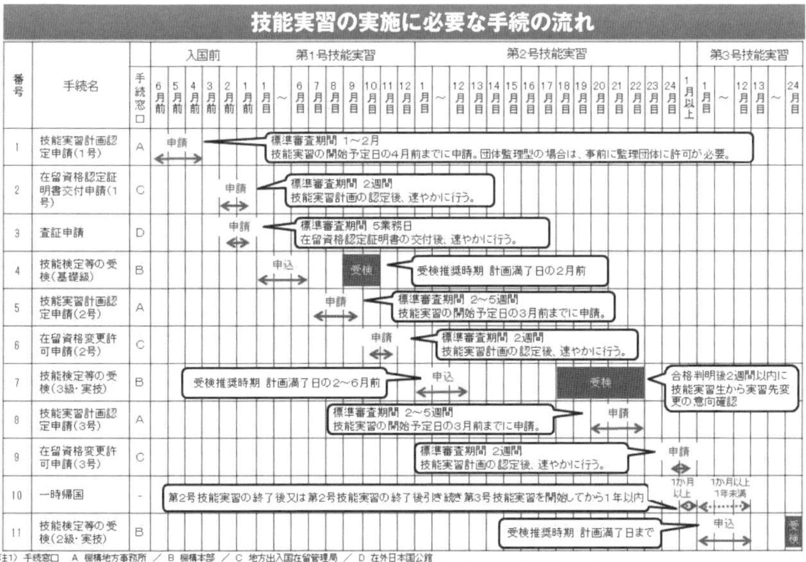

法務省ホームページより

図２－３：入国・実習の流れについて

人選の決定	……	書類選考・面接にて人選を決定
現地事前教育		**約３カ月～半年**現地にて日本検定 N4 取得、日本文化、生活習慣や介護看護の基礎知識を学びます。
在留資格認定取得	……	当組合が入国管理局へ申請し、取得します。
入国ビザの取得	……	現地送出し機関が、現地日本大使館にて取得します。
日本入国	……	当組合スタッフが到着した実習生を空港で出迎えます。
集合研修	……	当組合の研修センターにて**約１ヶ月間**（土日除く）にわたり、日本の法律、生活習慣、日本語、安全衛生等を学習します。
【配　属】		
技能実習スタート	……	企業との間で直接結んだ雇用契約、就業規則、実習計画等に沿って、約 11 ヶ月間で実習を行い技術・技能に関する基礎知識やノウハウを学びます。
日本語検定試験 技能試験	……	N3 に合格しなくても、N3 に向けて勉強を続ければ、第２号への移行が可能となりました。 技能試験に合格し、介護の技術力があることを証明する必要があります。 **※申請後に合格証明書を提出することも可能です。**
在留資格の変更	……	入国管理局にて申請を行い、在留資格を「１号ロ」から「２号ロ」へと変更します。
技能実習（２年目）スタート	……	今後２年間にわたり技能の習熟度を高めます。
（2年間）		
技能実習３年修了者は特定技能への移行可能	……	入国管理局にて申請を行い、在留資格の更新を行います。 **※一度帰国する必要があります（特定技能へ移行する場合は帰国不要）**

外国人技能実習生受入れから帰国までの流れ～介護ヒロシマ協同組合パンフレットより

一人一人の性格や仕事・日本語学習の意欲を把握し、受け入れ企業で働き始めてからも、細かいケアができるよう努めている（図２－３）。

(4) 海外の送り出し機関と提携

基本的に監理団体は、海外の送り出し機関と提携し技能実習生を紹介してもらい、受け入れ先とともに面接をして人選を行う。送り出し機関は、各国に多数存在し、数千人規模で実習生を送り出している大手や名義貸しなどをしながら巧みに営業を仕掛けてくる質の悪いところまで様々だ。

日本人の常識ではとても理解できないようなやり方で近寄ってくるところもある。日本に行きたい外国人は、これまた巧みな言葉で誘われ、日本語学校の授業料や日本に行くための経費と称して大金を払わされ、それを捻出するために親族や銀行から借金をして日本に来る。

一般的には、中国で 30～50 万円、ベトナムで 60～100 万円と言われている。特に、介護職は外国人にとっても人気の職種ではない。ほかの職種より給料がいいとの甘い言葉に乗せられ、介護がどういうものかほとんど知らないままに日本に来る実習生もいる。入国前にも介護講習をしっかり行い、ある程度の知識を持って日本に来る人材を育成している送り出し機関と提携することは容易ではないのだ。

3 監理団体の見極め

(1) 失踪につながるケース

先にも述べたように、東南アジアでは介護を専門として働いている人は少なく、特に若い年代ではほとんどいない。40 歳代以上であれば多少の人材は存在するが、その年代になると日本語を覚えるのは難しくなる。

ある程度の年齢で仕事への取り組みがしっかりしている人材は、獲得競争になることが多く、人集めのサクラを用意している送り出し機関もある。監理団体の職員に、実習生を採用すれば、一人「10万円のキックバック」を払うと言ってくる送り出し機関（正確には送り出し機関と監理団体の間に介在するブローカー）もある。

その10万円は実習生から徴収する手数料の中に上乗せされることになる。どの送り出し機関も、「うちは法定内の金額しか徴収していない」と言う。確かに、送り出し機関自体は法定内の金額しか徴収していないが、実習生を国内各地からリクルートするブローカー（前述のブローカーとは役割が違うが、同一人物が両方をやっている場合もある）が存在し、日本語学習費用を徴収し日本語学校へ紹介する。

このような仕組みは、一人でも多く送り出したい送り出し機関と一人でも多く受け入れたい監理団体との利害が一致することで、自然発生的にできたものであり、今後もなくなることは考えにくい。この借金問題が、受け入れ先で仕事が合わなかったり、パワハラ・セクハラを受けたりした場合の失踪につながるケースとなる。

特に、ベトナム、インドネシアの実習生たちはSNSを通じて同郷人同士で様々な情報を共有している。故郷の食べ物や化粧品等を格安で運ぶサービス、帰国前に銀行口座を買い取るサービス、失踪後の仕事を紹介するサービス等々だ。

実習先で不当な扱いを受け、思っていたより残業が少なく手取り金額が少ない場合、恋愛など様々な理由で失踪をする。介護職では労働環境が他職種よりはよい場合が多いので、失踪は少ないと考えられるが、過度に行動の自由を制限し、生活を監視するようなことは避けた方がよい。

日本人職員との格差をつけることは、制度上の問題だけでなく、実習生と日本人職員の双方に悪影響を与えかねない。監理団体は定期的な訪問と実習生本人との面談が義務づけられているが、それだけでは充分な実習生の状況を把握することは困難だ。

当組合では、配属後の日本語教育や地域の行事への参加やレクリエーションなどを積極的に行い、実習生一人ひとりの悩みを早い段階で解決できるように心がけている。

(2) 監理団体を選ぶポイント

ア．介護の技能実習生の受け入れ実績があるかどうか？

介護の技能実習生は、他職種と比較して日本語要件、前職要件などかなりハードルが高い。組合の歴史が長いからといっても、介護の受け入れ実績が乏しいところは後々のフォローができない。入国後講習や配属後の日本語講習もすべて外注している組合は要注意。月々の監理費が極端に安い監理団体は、配属後の日本語教育や日常の問題解決を疎かにする可能性がある。

介護職を受け入れる監理団体は固有要件として、５年以上の実務経験がある介護福祉士等を配置することになっているが、多くは名義貸しが横行しており、実際の役職員に介護施設の施設長クラスや介護福祉士が在籍し、介護特有の問題を解決できる監理団体は限られている。

イ．地域に密着しているか？

一部の監理団体は、資金力を生かして全国的に営業を行っている。各地に駐在員がいて、細かい対応をするというが、実際は各地の受け入れ企業の住所を借りて営業所と称していて、問題があった場合は電話のみでしか対応できないことがある。また、1年間は毎月受け入れ先を訪問して監査や実習生との面談をする必要があるが、それすらやらない監理団体もある。

一見、受け入れ先からすると、対応する必要がないので楽に見えるが、最近はOTITの抜き打ち監査などもあり、法律に沿った対応をするには、できるだけ近くにある監理団体が安心だ。

ウ．母国語の通訳や相談役が常駐しているか？

多くの監理団体の通訳は、送り出し機関の日本駐在員やアルバイトの通訳だ。送り出し機関の通訳は基本的に送り出し機関の不利になるようなことは話さない。監理団体に所属している母国語通訳がいるかどうかも大きなポイントになる。当組合の中国人・ベトナム人通訳は、実習生の生活面だけでなく、両名とも介護職としての経験があり、仕事面での相談にも対応できる。

エ．どのような送り出し機関と契約しているかが見えているか？

監理団体を決めると送り出し機関は自動的に決まっていることがほとんどだ。監理団体自体が送り出し機関に騙されている場合もよくある。人材の使いまわし（いわゆるサクラ）、法律で禁止されている失踪時の違約金の契約や送り出し機関に払う額以外に食費、寮費、訓練費など様々な名目で費用を徴収している場合がある。極端に安い入国前教育費用（一般的に20万円以下）の監理団体は、送り出し機関が来日希望者から違法に徴収していることもある。

当組合では、中国人理事が現地の看護学校内に日本語学校を運営しており、看護学校と太いパイプを持っているので、生徒募集から教育まで一貫したシステムを通じてよりよい人材を受け入れることが可能である。ベトナムは、ベトナム人通訳が現地の送り出し機関と直接交渉するので、日本人スタッフよりスムーズに交渉ができている。

通常現地に面接に行くと、過剰な接待攻勢を受ける。食事・カラオケ等々だ。NO と言えない関係を作ると、後で後悔することになる。数千人規模で送り出しているところより、中堅で地道に募集と教育をしている送り出し機関と契約している監理団体を選ぶ方がいいだろう。

(3) 外国人実習生の受け入れプロセス

監理団体と送り出し機関は、両国の法律に則り、スムーズに受け入れができるように協定を締結しているが、協定書はどの国のどの送り出し機関もほぼ同一である。失踪や事故があった場合は、その都度協議するように決められている。

各送り出し機関には、技能実習候補生と称する N5 程度の人材がいる。N5 程度は、実際にはほとんど日本語はできず、丸暗記した自己紹介ができる程度だ。採用人数にもよるが、１回に３～５名の候補生を並べ、自己紹介から始まり、現地語にて通訳を介して面接を行う。

ここで選ばれるかどうかが、日本に行けるかどうかの分かれ道なので、候補生たちは緊張した様子で面接に臨む。受け入れ企業の担当者は、各々の履歴書を見ながら、「なぜ、日本に来たいのですか？」「日本でどんなことを学びたいですか？」「日本のどこが好きですか？」「両親は日本に行くことをどう思っていますか？」などの質問をし、それに対して候補生たちが思い思いを母国語で返答する。

介護の場合は、「３大介助」に抵抗感がないかという質問がよくされるが、当然みんな問題ないとこの場面では答える。中には、家族の介護をしたことがあるという候補生もいるので、そのあたりがいい実習生を選ぶ基準になるかもしれない。

さて、面接に合格すると、候補生たちはやっと日本語の勉強に本気になる。自国の３～５倍の給料がもらえて、３年間で300万円貯蓄できる夢の国ニッポンへ行けることが現実に見えてくるからだ。

漢字圏の中国人は、平均３カ月でN4の試験に合格する。当組合が提携する日本語学校では、最短１カ月半で合格した人もいる。ベトナム、ミャンマー、インドネシア等の非漢字圏の人は６～12カ月かかる。

(4) OTITへ技能実習計画認定

N4を取得して、初めてOTIT（外国人技能実習機構）へ技能実習計画認定の申請ができる。書類の作成に１カ月、OTITの許可に２カ月、在留資格に１カ月、入国準備に１カ月、入国後研修に１カ月必要なので、実際に受け入れ先に配属されるのは、面接後７カ月～１年４カ月かかることになる。

その間、ドロップアウトしてしまう人、どうしてもN4に合格できない人、他の送り出し機関に持っていかれる人等が出てくる。採用人数の1.5倍～２倍を選定し補欠を確保しておくことが重要だ。送り出し機関は、様々な理由を付けて、やめる人を通知してくる。意中の人材がやめてしまっても、補欠の人材がいれば、再面接の必要はなくなる。

(5) 面接時に確認しておくべき事項

ア．なぜ日本に来たいのか？

ほぼ100％が日本の介護技術を学びたいとか、日本の文化が好きとかいうが、100％お金のためだ。でも、一応この質問はしておこう。なぜなら、みんなこの質問の答えを用意しているから。

イ．お金について

給与、労働時間、年間の休日数、残業の有無、夜勤の有無、寮費、光熱費等お金に関することは、細かく説明すべき。できれば、面接時に書面を提示する。面接合格後だと、舞い上がってしまい、OKOK みたいな感じになるが、後で必ずもめる。彼らは日本で介護技術を学び本国へ持ち帰る技能実習生だが、目的は本国で 10～15 年かかって稼ぐ金額を３年で持って帰ることだから。

ウ．健康について

他国での生活は、想像以上に過酷だ。たった数カ月の日本語教育で日本に来て不自由しないはずがない。しかも、介護職は、移乗や入浴、食事介助など力仕事がメインである。腰や手首を痛めたり、食事や水が合わなくて体調を崩すこともしばしばである。

可愛くて、若い子を選びたい気持ちはわかるが、業務をしっかりこなせる人材を選ぶことが重要である。ほとんどの施設が「女性」を選びたがるが、介護施設はまじめで誠実な男性が、実力を発揮できる職場である。女性の多い施設入所者にも人気があるし、精神的にも肉体的にも適している。

エ．施設の概要について

先にも述べたように、彼らはお金儲けが主目的だ。年収 400 万円の日本人がドバイの老人施設で体格のよい中東の老人の介護を３年すれば、年収が 1500 万円以上になると想像してほしい。

日本に来るまでは、どんな施設でも OK です！となるが、実際来てみると、多くの施設は離島であったり、山の上であったり、交通手段は公共交通機関か自転車しかない。

買い物に行くにも一苦労だ。面倒見のいい受け入れ施設は、毎週車で買い物に連れて行ったりするが、なかなか大変である。施設の概要は面接時にしっかりと説明しておくことが重要である。

また、本人が希望すれば、有給休暇を使って一時帰国することも認められており、有給休暇の付与基準なども説明しておくとよい。

4 介護特有の要件について

(1) 開設後３年以上経過していること

介護職が他職種と比べて要件が厳しいことは、先にも述べたが、ここでは具体的にその要件を整理する（図２－４）。

基本的に訪問系の施設は受け入れができない。受け入れは事業所ごとになるが、同一法人でも特養とデイサービス、グループホーム等それぞれの事業所で受け入れが可能だ。

図２－４：技能実習「介護」の固有要件

技能実習「介護」における固有要件について

○ 介護の技能実習生の受入れに当たっての要件は、下記のとおり。（「外国人介護人材受入れの在り方に関する検討会中間まとめ」（平成27年2月4日）での提言内容に沿って設定。）

○ 平成29年９月、介護職種に固有の要件を告示。平成29年11月、対象職種に介護を追加。

介護固有要件 ※技能実習制度本体の要件に加えて満たす必要がある。	コミュニケーション能力の確保	・1年目（入国時）は「N3」程度が望ましい水準、「N4」程度が要件。2年目は「N3」程度が要件 （参考）「N3」：日常的な場面で使われる日本語をある程度理解することができる 「N4」：基本的な日本語を理解することができる （日本語能力試験：独立行政法人国際交流基金、公益財団法人日本国際教育支援協会が実施）
	適切な実習実施者の対象範囲の設定	・「介護」の業務が現に行われている事業所を対象とする（介護福祉士国家試験の実務経験対象施設） ただし、技能実習生の人権擁護、適切な在留管理の観点から、訪問系サービスは対象としない ・経営が一定程度安定している事業所として設立後3年を経過している事業所が対象
	適切な実習体制の確保	・受入れ人数枠　受入れることができる技能実習生は、事業所単位で、介護等を主たる業務として行う常勤職員（常勤介護職員）の総数に応じて設定（常勤介護職員の総数が上限）。 ・技能実習指導員の要件　技能実習生5名につき1名以上選任。そのうち1名以上は介護福祉士等。 ・入国時の講習　専門用語や介護の基礎的な事項を学ぶ ・夜勤業務等　利用者の安全の確保等のために必要な措置を講じる。 （※）具体的には、技能実習制度の趣旨に照らし、技能実習生以外の介護職員を同時に配置することが求められるほか、業界ガイドラインにおいても技能実習生以外の介護職員と技能実習生の複数名で業務を行う旨を規定。また、夜勤業務等を行うのは2年目以降の技能実習生に限定する等の努力義務を業界ガイドラインに規定。
	監理団体による監理の徹底	・監理団体の役職員に5年以上の実務経験を有する介護福祉士等を配置 ・「介護」職種における優良要件は「介護」職種における実績を基に判断
技能実習評価試験	移転対象となる適切な業務内容・範囲の明確化	一定のコミュニケーション能力の習得、人間の尊厳や介護実践の考え方、社会のしくみ・こころとからだのしくみ等の理解に裏付けられた以下の業務を、移転対象とする ・必須業務＝身体介護（入浴、食事、排泄等の介助等） ・関連業務＝身体介護以外の支援（掃除、洗濯、調理等）、間接業務（記録、申し送り等） ・周辺業務＝その他（お知らせなどの掲示物の管理等）
	適切な公的評価システムの構築	・各年の到達水準は以下のとおり 1年目　指示の下であれば、決められた手順等に従って、基本的な介護を実践できるレベル 3年目　自ら、介護業務の基盤となる能力や考え方等に基づき、利用者の心身の状況に応じた介護を一定程度実践できるレベル 5年目　自ら、介護業務の基盤となる能力や考え方等に基づき、利用者の心身の状況に応じた介護を実践できるレベル

法務省ホームページより

また、新規施設は受け入れることができず、開設後３年以上経過していることも条件となる。入国時は最低でN4取得が必須で、１年後にN3取得が義務付けられていたが、あまりにもハードルが高いので、１年間はN3に向けた勉強をしていれば、合格しなくても２年目の実習に入ることができる。

技能実習は１年目が１号、２～３年目が２号と別の在留資格となる。１年後に２号へ在留資格を変更するためには、技能実習評価試験の基礎級（実技・学科）に合格しなければならない。決して難しい試験ではないが、配属後６カ月が経過すれば受験が可能なので、早めに対策をする必要がある。

この合格がないと２号の技能実習計画認定の申請、在留資格の変更申請ができないので、注意が必要である。１年目は、生活の変化、仕事への対応、日本語の勉強等々実習生にはつらい日々が続く。体調を崩す人も少なくない。通常半年間は有給休暇がないが、特別に有給休暇を付与してくれる施設もある。

(2) 受け入れ人数

受け入れ人数だが（図２－５）のとおり、常勤の介護職員数によって決められている。これは常勤換算ではなく、実際の常勤（週40時間以上働いている正社員・アルバイトなど）職員数になる。

優良な実習実施者（受け入れ施設）には、様々な優遇がある。まず、２号までの３年に加えて、３号としてさらに２年間の実習延長が可能となる。受け入れ人数の枠も増加する。

反対に失踪などがあった実習先（施設）は、理由によっては、受け入れができなくなったり、監理団体も許可を取り消される場合がある。

また、介護職は事業所単位での受け入れが可能だが、技能実習計画認定は事業所単位で許可されるので、事業所を跨いでの実習はできない。具体的に言うと、特養で許可を受けた実習生が、同一法人であっても、併設であっても、ショートステイやグループホームの仕事（実習）をすることはできない。さらに、技能実習計画はすべての業務を時間単位で行うことになっており、一部の業務のみを継続して行うことはできない。

図２－５：技能実習「介護」の受け入れ人数

受け入れることができる技能実習生は、事業所単位で、介護等を主たる業務として行う常勤職員（常勤介護職員）の総数に応じて設定（**常勤介護職員の総数が上限**）した数を超えることができない。

＜団体監理型の場合＞

事業所の常勤介護職員の総数	一般の実習実施者		優良な実習実施者	
	1号	全体（1・2号）	1号	全体（1・2・3号）
1	1	1	1	1
2	1	2	2	2
3～10	1	3	2	3～10
11～20	2	6	4	11～20
21～30	3	9	6	21～30
31～40	4	12	8	31～40
41～50	5	15	10	41～50
51～71	6	18	12	51～71
72～100	6	18	12	72
101～119	10	30	20	101～119
120～200	10	30	20	120
201～300	15	45	30	180
301～	常勤介護職員の20分の1	常勤介護職員の20分の3	常勤介護職員の10分の1	常勤介護職員の5分の3

※　法務大臣及び厚生労働大臣が継続的で安定的な実習を行わせる体制を有すると認める企業単独型技能実習も同様。

法務省ホームページより

5　成功のカギ

これまでに外国人技能実習制度の制度論的概略を通じて、当組合の取り組みを基に筆者の経験から多くのことを述べてきた。これから急増する外国人介護士の受け入れにおいて、成功のカギとなることを説明して本章を終わりたい。

(1) お金について

彼（女）らは日本人とは比べ物にならないほど、お金にはシビアだ。国の違いは多少あるが、先にも述べたように、条件面については、事前にしっかり説明をしておくべきである。

監理団体や送り出し機関任せにすると、後でもめることになる。「手取り額がどれくらいになるか？」「日本での生活費がどれくらいかかるか？」「賞与や昇給はあるのか？」「残業はどれくらいあるのか？」「有給休暇を取って一時帰国できるか？」など。

面接後に必ず文書で説明をしておくことが重要である。技能実習制度は、基本的に実習先の変更はできないが、これから増えるであろう「特定技能」では、本人の意思で自由に転職が可能である。彼らは条件のいい話があれば、すぐに転職する。

(2) いかに信頼関係を築くか

彼（女）らの中には、親族や銀行から多額の借金をして日本に来ている人もいる。少々のことではへこたれない、逆に頑張りすぎて体を壊すこともある。

介護職で一番多いのは、腰痛・手首痛など介護特有の症状である。入浴介助や移乗がうまくできずに痛めることがよくある。我慢して本当に悪くなって働けなくなるケースもあるであろう。普段からの声掛けや様子をしっかり見てあげることが重要だ。

私生活では、たまたま選ばれた人たちで集団生活を送ることになる。仲良くできればいいが、トラブルを起こすこともある。夜中に騒いだり、ゴミ出しを適当にやったりは日常茶飯事だ。

地域に根差して運営している施設では、地域の皆さんに快く受け入れてもらうことも重要である。寮の近所には、どこの国のどういった人が何人住むかを事前に説明することをお勧めする。特に、地方では必須になる。

最初にしっかり教育し、間違ったことは丁寧に教えてあげる、困ったことがあれば助けてあげるなど、誠意をもって接すれば、心は必ず通じ合う。最初は日本人職員とコミュニケーションが取れないので、お互いにストレスを感じてうまくいかないこともあるが、ある程度時間がたつと日本人職員のモチベーションが上がって職場に活気が生まれるケースは多々ある。仕事面、生活面両方でしっかりとサポートすることが、成功のカギとなる。

(3) どのように採用を進めるか？

どの施設も最初は外国人の採用には不安がある。本音は、何とか日本人スタッフだけで運営できないかと考える。しかし、今は何とか日本人だけでギリギリ運営できていても、年々状況が厳しくなることは目に見えている。人材派遣に高い紹介料を払ってもすぐに辞めてしまう日本人の採用にストレスを抱えている方も多い。

技能実習生は、初期費用、寮の整備、日本人職員の抵抗感、コミュニケーションの難しさ等課題もたくさんあるが、近い将来のために早急に採用を検討する必要がある。施設の規模にもよるが、初年度は２～３名を受け入れ、毎年同人数を受け入れていけば、過年度の実習生が後輩を指導することもできる。３年後に帰国する人、延長する人、特定技能に変更する人、他施設へ移る人など様々なパターンが出てくる。

中には実習中に介護福祉士の資格を取るほど優秀な人材も出てくるだろう。資格が取れて、給料もよく、生活も充実している施設に優秀な人材が集まるのは、日本人も外国人も変わらない。

6 日本人採用は厳しい

今後間違いなく介護人材は全国で不足する。今、足りているから何とかなっていても、今まで以上に日本人の採用は厳しくなるだろう。外国人の採用には、最低でも７カ月かかる。さらに外国人が定着し、夜勤を含めた本当の戦力になるには、２～３年程度の時間がかかると推測される。今すぐに行動を起こせるか起こせないかが、2025年問題をクリアできる施設かどうかということになるだろう。

近くの監理団体に問い合わせ、すでに外国人を採用している施設に見学に行かれるのもいいだろう。施設で生き生きと働いている外国人を見ると、多くの問題が解決できることが分かるはずだ。介護業界は、外国人なしでは成り立たない時代がすぐそこに来ている。そして、いずれ外国人が行きたい施設を選ぶ時代がやってくるだろう。技能実習制度を通じて、外国人と日本人が融合して働ける環境づくりを始めておけば、これから広がるであろう「特定技能」での受け入れも、スムーズに行えるはずである。

施設側から考える監理団体

1 選択を誤ると人材不足解消にはならない

(1) 必ずしも人材不足でない

筆者の働く特別養護老人ホーム（以下、特養）の現状は、言われる程の人員不足が切迫している状況ではない。そうであるなら、外国人介護士を求める必要はないのではないか？と、疑問に思う読者もいるだろう。「そんなに困っていないのであれば、外国人介護士の話は、役に立たないのでは？」と。

しかし、外国人介護士の受け入れは、未来への「投資」であると考えている。即戦力として人員基準を満たすために、外国人介護士を受け入れようとするのではない。

なお、現状、人員不足でない理由の１つに、筆者の法人が運営する４つの特養のうち３カ所が、駅から徒歩圏内の立地のよい場所に位置している点にあると考えている。昨今、日本の若者の「車離れ」の傾向もあって、外国人の方も車を所有している方は果たして何人いるのだろうか？だからこそ、立地条件は重要である。その他にも人員不足にならない方法等は数多くあるが、それは別の機会に譲るとして、なぜ人員不足に切迫していない現状において、外国人介護士を活用しようと考えたのかを説明したい。

(2) 監理団体の選定

そのきっかけは、既述の４つの特養のうち１カ所は1984年に開設したもので辺鄙な場所にあった。今後、立地条件の悪い場所において、日本人介護士が当施設を選択する可能性は低いと考えたからだ。交通の便の悪い場所でも素晴らしい施設は数多くあるが、一般的に就職先を選択するとき、その点で対象外としてしまう可能性が高く、介護人材不足の課題の１つでもある。

将来の人員不足を容易に予測できたことから、2018年話題となった「技能実習制度」の活用を検討し、外国人を斡旋、紹介する監理団体を探すこととした。実際、監理団体は数多くあり、どこに依頼すれば適切なサポートが得られるのかが分からない。そこで、まずはランダムに数社の監理団体を調べ、話を聞くことにした。どの監理団体も経費面、サポート面に大差はなく、何を基準に選ぶかを検討した。

併せて、EPA看護・介護受入事業（以下、EPA）も検討したが、他法人が積極的に受け入れていたことから断念した。また、EPAを考えていた外国人の多くも、「技能実習制度」が新たにスタートしたことで、それらに移行し始めているとの情報もあり、優秀な外国人介護士の人材確保ができるのではないかと考えた。

そのような経緯を踏まえ、監理団体の選ぶ目安として分かってきたのが、「透明性」である。「技能実習制度」の長所は、公的基準に基づき高レベルの人材を一定期間（３～５年）確保できる点だ。

また、介護福祉士試験に合格すれば、在留資格の変更により日本で長期間働くこともでき、受け入れ施設にとって大いに期待できる制度である。だからこそ、監理団体の「透明性」が重要であると考えた。優秀な監理団体であるなら、目標を持った外国人を共に育成できる。

それでは、監理団体の「透明性」とは何であろうか？１つ目に監理団体の母体運営状況が明確であり、「介護」に精通しているか否かである。２つ目に監理団体が筆者らの「教育サポート制度」に共感できるか否か。３つ目に監理団体が筆者らの「目標」を理解できるか否かである。この３点を充分に認識している監理団体であるかを見極めなければならない。

(3) 理想とする目標

筆者の法人の外国人介護士受け入れの目標は、「技能実習制度」の目的である日本で培った技能を自国で活用するためだけではない。むしろ、外国人が日本を心から好きになり、介護福祉士免許取得後、暫くの期間介護士として活躍してもらう。そして、できるなら自国の家族を呼び寄せて、日本で一緒に生活してもらうことが最大の目標である。

このように監理団体自体が、筆者らの理念・目標を共有できるのであれば、大きなリスクが生じないと考えた。しかし、この監理団体の選択を誤ると、結局、外国人介護士は施設の人材不足解消とはならない。

2 監理団体の教育システム

(1) 代表理事との価値観の共有

そして、2018年政府が選定した、12の優良事業者の1つである監理団体（マスコミで取り上げられた）の代表理事と会うことになった。

話をする中で、①その監理団体が「介護」に精通し、数多くの介護事業所を運営していた。そして、その代表理事が「受け入れ施設」及び「介護技能実習生」にとって、何が大切かを知り尽くしていた。②監理団体として入国後2カ月間の集団研修で初任者研修を修了させている。③幸せに日本で生活し、日本を好きになって介護福祉士試験に合格して働いてもらいたいという目標を掲げていた。以上、既述のように筆者らの法人の考え方と合致していたことにより、この監理団体に依頼した。

(2) どの国を選ぶか？

どの国の外国人介護士を受け入れるかが重要である。監理団体からの提案としては、早い段階で環境が整っている「ベトナム」「インドネシア」のいずれかであった。

受け入れ施設側の課題としても、実際、生活習慣が違う外国人と共に働くことができるのか？といった点もあり、これらの監理団体側の相談体制が整っている「ベトナム人技能実習生」の受け入れを決めることにした。

そのほかにも、ベトナム人は日本のアニメを身近に感じており、日本を好きな人が多いといったことも大きい。筆者らの法人の目標の１つである「日本を好きになってもらいたい」という目標を実現するには、ベトナムが最適と考えたのだ。

(3) 監理団体の研修体制

監理団体側から、日本に入国した技能実習生の集団研修の様子を見てはという提案があり、早速、長野県にある研修施設に出向いた。

日本語と介護の専門用語を学べるオリジナルテキスト効果なのか、入国間もない日本語能力のレベルの高さに驚かされた。現地ベトナムから人材を送り出す機関にもテキストを配布し、日本人講師を派遣するサポート体制など監理団体の熱心さが窺えた。

また、技能実習生の表情が明るく輝いており、笑顔がとても印象的であった。専門講師が丁寧に指導しており、各自のサポート体制が整っていたため挫折する人が１人もいなかったのである。よく考えてみると、現地に行きよい人材を確保できたとしても、入国後の監理団体の教育制度で挫折して帰国してしまえば意味がない。監理団体における教育制度と生活サポートはかなり重要である。既述した選択基準の１つである「教育サポート体制」について、筆者らの法人との価値観の共有を改めて認識させられた。

3 現地に足を運ぶ

(1) 外国人介護士とのマッチング

外国人介護士とのマッチングにおいては、各監理団体により面接の方法は異なり、スカイプや現地面接などがある。しかし、筆者らの選んだ監理団体は、現地面接が基本であった。どちらがよいかは一目瞭然で、現地で面接することにより、受け入れる外国人の生活習慣を肌で感じることができる。そこで見えてきたことは、「食事」「交通事情」「常識の相違」などであった。

筆者が、現地ベトナムに出向いた際には「送り出し機関」の見学から始まり、日本語や介護の基本を勉強している実習生たちの姿を見ることで、日本と比べて良い点と悪い点を比較分析できた。どんな環境で勉強し生活を送っているのかを見聞きすることで、入国後の対応方針も予め考えることができる。

実際、感じたことは実習生５名程度が１部屋の寮で生活しており、プライベート空間が少ないことであった。来日後、ある程度の空間と独りになれるスペースを確保することで、日本を気に入ってもらえると考えた。来日しても日本語を勉強しなくてはならないため、集中できる環境が重要である。

(2) 現地の生活を垣間見ることも

現地の街並みに触れることも大切である。ホテルにいるだけではなく、あらゆる場に足を運び、買い物をして美味しい食事をし、夜は、お酒を飲むことも意義がある。一見、遊んでいると言われてしまうかもしれないが、ベトナム人の日本人に対する反応を肌で感じ取ることができる。様々な体験により、ベトナムをできる限り知ることが現地面接の重要な意義であり、その後の外国人介護士の選考基準にもつながる。

(3) 面接において

そして、面接当日は40名程の技能実習生を５名程度のグループに分け、参加した複数の法人と集団面接に参加した。予め聞きたいことをまとめておき、他法人の質問と重複しないよう心掛けた。筆者の法人が、全てのグループに共通して質問したことは、介護福祉士になりたい目標があるかどうかであった。

大勢の技能実習生は数年間、日本で働きお金を貯めてベトナムに帰ることを目的にしているであろう。しかし、日本に来て気持ちが変わる可能性もあり、特に介護福祉士になることを目標としているベトナム人は、日本で引き続き働く可能性が高いと考えた。しっかりとした目標を持っている人物を、第１優先候補にしたのである。

また、日本のどこが好きなのかを確認した。当然、日本語能力、勉強の進捗状況、学歴なども考慮するが、この点は、筆者にとっては重要である。

確かに、採用基準については、法人により様々だが、組織として何を求めているかが重要である。筆者らの法人は、繰り返しになるが、日本を心から好きになり、目標である介護福祉士の資格を取得し、介護士として活躍しながら自国の家族を呼び寄せ日本で生活してもらうことが、理想ではあるが目標であった。

もっとも、法人の状況により現地面接が難しい場合もあるであろう。その場合、限界はあるがスカイプなどのツールを利用して表情などを観察することで、ある程度の判断は可能であろう。しかし、可能な限り現地に出向き、技能実習生の母国を少しでも理解し、表情を見ながら面接することに勝るものはない。

4 受け入れ施設側の準備

(1) 生活指導員の選定がカギ

現地面接により3名のベトナム人女性の採用にいたった。採用が決定した後、現地の送り出し機関において6～8カ月程の勉強によって、日本語能力試験N3を目指すこととなり勉強の進捗状況などの報告があった。

そして、来日が決定すると、受け入れ施設として準備しなくてはならないことが多々ある。まずは「技能実習責任者」の選定であるが、施設長が研修を受講し任にあたった。「実習指導者」としては、介護経験5年以上の介護福祉士としての条件があり、介護長（介護スタッフの責任者）がその任に就いた。

特に重要なのが「生活指導員」の選定である。この役職は、技能実習生の生活全般のサポートと相談業務が主たるものである。日本の生活ルールなどが分からない場合、様々なサポートが必要となるため、どのような人物を任命するかが重要だ。

例えば、「昭和の母親タイプか？」「真面目でマニュアルどおり動けるタイプか？」「敢えて異性を任命するか？しかもイケメンがよいのではないか？」と、色々な案が考えられたが、当初の目的である「日本を好きになってもらう」のコンセプトに合わせて、当法人の生活相談員で40代の女性を任にあたらせた。彼女の趣味はゲームと海外旅行、真面目で気が利くタイプ、後輩の面倒見がよいという社内からの評判もあった。

ベトナム語は全く話せないが、非常に勉強家で独身でもあった。様々な場面において、対応可能な柔軟性のある人物である。

(2) 住まいの確保

住まいの確保も重要である。ベトナムの送り出し機関では寮生活で10畳程度のスペースに４～５名が２段ベッドで生活していた。しかし、独りになれるスペースも確保しなければならない。

法令では規定の寝室１人当たり4.5㎡を確保するとなると、約2.8畳が必要である。そのため、夜間勤務もあることから寝室は１人4.5畳以上の個室なら勉強もプライバシーも確保できると考えた。そして、全員で食事ができるスペースとなると、少なくとも３LDK以上の一軒家が必要となった。

費用面も課題の１つであり、探し当てた物件が、６帖の個室で３部屋4.5帖の和室にダイニングキッチン7.5帖、サンルーム付きの住居である。毎月の家賃は７万円程度と、築年数40年であったが、リフォーム済で綺麗な部屋である。しかも、受け入れ施設まで徒歩10分という好条件で、入国の３カ月前に契約をした。数名の技能実習生を同時に受け入れするのであれば、受け入れ施設の近くの住まいを予め検討しておくべきだ。

5 受け入れ施設の心構え

(1) 来日にあたって

技能実習生の受け入れに関しては、入国前審査など様々な手続きがある。インターネットや多くの研修資料などで調べられることから、制度内容と各種書類等の作成については、ここでは省略する。

技能実習生の入国が決定し、採用した３名の技能実習生は無事入国審査を通り、予定どおり長野県の研修施設に来る日が決まった。既述のとおり２カ月間の集団研修がある。

この間に介護研修、日本語研修、法定研修の初任者研修を修得し、受け入れ施設側もその後の教育方針に大きく影響を及ぼすこととなる。なお、この集団研修の開校式に参加し、約20名程度の技能実習生が目を輝かせていた。監理団体の代表理事の話を真剣に聞いていたことも印象的であった。

この表情は、日本人に例えると子供の入学式に似ている。まさしくピュアな表情で、筆者も「親心」の心境になった。代表理事の話の中で「N3に合格しないと２年目に移行できない、介護福祉士試験に合格すれば、長期にわたり日本で働ける」という内容があった。

筆者は、一時的な人材確保が目的ではなく、長期的に働いてもらえる人材を確保したい。その目的が監理団体を選ぶ基準の１つであり、それを再認識した。

(2) 日本人職員の理解

外国人介護士を受け入れるにあたり、法人として日本人職員への研修や心構えなどの取り組みも重要である。正直、日本人職員全てが外国人介護士を心から迎え入れる気持ちがあるかと言うと、そうではない。仮に、外国人労働者を全く理解しないまま受け入れる日本人職員がいると、ニュースで取り上げられるような外国人差別に繋がる。

一部の日本人職員が思うことは「なぜ、同等程度の給与なのか？」「日本語が分からないため、仕事を教えられない！」「介護の質が下がるのではないか？」「私たちの仕事の負担が逆に増えるのでないか？」など、様々な疑問点である。

これらの点を踏まえ、日本人職員の理解を深めるために、あえてトップダウン方式で受け入れ方針を職員に明確に伝えた。特に、外国人介護士を受け入れる際、法人として大切に育てていくのだという方針を明確に伝えることが重要だ。そして、日本人職員が負担とならない環境整備を構築することが必要不可欠である。

また、法人で受け入れが決まった直後に日本語教室の開設準備を行い、併せて定期的な外国人介護士に関する研修も実施した。確かに、全ての職員の理解が得られる訳ではないが、準備する法人としない法人とでは、大きな違いが出ると考える。

6 食生活について

開校式から２カ月が過ぎ、無事に初任者研修も修了し、施設に来る日が決定した。もちろん、筆者は閉校式にも参加した。長野県にある研修施設まで外国人介護士らを迎えに行くこともあるためだ。彼女らも日本の生活に少し慣れてきた様子も窺え、期待と不安に満ちている表情であった。実際、彼女らは職場とは？住む所は？どんな人がいるのだろうか？など、緊張するとともに不安でいっぱいである。そんな思いをいだきながら３名の技能実習生からは、今後の抱負を述べてもらった。

すると、入国時より確実に日本語レベルが向上し、しっかりと挨拶し、自らの抱負を話してくれた。筆者は、彼女たちを裏切ってはいけないと感じた。母国にいるご家族たちにも日本へ送り出してよかった、この法人を選んでよかった、と思ってもらいたいと心から思った。

閉校式も無事終わり、新幹線に乗って帰りに食事をすることとなり、一般的な和洋中の豊富なメニューのあるレストランに行った。技能実習生３名は、迷いながらハンバーグステーキを注文。和風、てりやき、バーベキューソースを頼み、一口食べた後、「甘いね」「苦手です」と。

彼女たちに長野県の研修施設で何を食べていたのか？と聞いたら、ベトナムから持参した醤油の調味料を使用し自炊生活をしていたそうだった。食事が合わずに母国に帰ってしまった仲間もいるという話も聞いた。ベトナムに限らず食文化の違いは理解していたが、日本に長くいてもらうために、食事に関する支援を改めて再認識した。どんな味で生活してきたのか？一人一人から情報収集し、分析して支援する方法を考えなくてはならない。そして、母国調味料の購入支援なども。

その役割を担うのが、生活指導員である。アセスメント能力があれば、技能実習生の生活歴を知り、分析し、支援方法を計画することになる。実際、福祉現場でのケアマネジャーなどが適任かもしれない。つまり、関わる全ての職員が共通認識を持ち、技能実習生の仕事だけでなく生活面においてもサポートすることで、彼女等は安心した生活を送ることができるだろう。

これはチーム支援と言える。筆者らの法人は、「生活指導員」の職種が「生活相談員」であったため、普段から特養の入居やショートステイを利用する際に、アセスメントを行っていることが、彼女等の受け入れに大いに効果的であった。

7 初めの半年間

無事に施設に配属された技能実習生３名は、受け入れ施設において技能実習計画に沿って介護に携わることになった。実際の実習体制については、通常、決まったユニットへの配属となるが、半年間は、どこのユニットにも所属させず介護長である「実習指導者」付けとして、全てのユニットで業務可能なフリーな立場とした。

初任者研修を修了しているとはいえ、即戦力にはならない。日本語もしっかり理解し会話できる状態でもない。このことから、各ユニットに所属してもらうにはリスクが大きいと考えた。いずれは各ユニットに所属してもらうことを目標に、３名同時に仕事を覚えられる体制が必須であったのである。

初めは車椅子の清掃、ケアで使用する道具の清掃消毒、炊飯器や食器棚など、普段目の行き届かない箇所の清掃業務を、毎日、数時間行ってもらうこととし、イベント活動にも積極的に参加してもらうこととした。

そして、各ユニット担当職員の中から指導者を決めシフトに入れていくことにした。直接、彼女等が介護に携わらなくとも、まずは高齢者と会話することで日本語に接し、人と触れ合える機会を多く持つことが重要と考えた。

また、毎日、業務中１～２時間の日本語教室の時間を設けることにした。技能実習生３名は、１年後にN3に合格しなければならないという厳しい条件があるからだ。受け入れ施設としても、１年後に帰国してしまわないように、最大限のサポートをする必要がある。それができないようでは、外国人介護士の受け入れは上手くいかない。最低半年間は人員基準の算定対象とならないため、日本人職員らには理解が得やすい。

8 自治体独自プログラムは手探り

(1) 自治体の取組み

各自治体には介護人材確保のための補助事業がある。筆者らの法人を所轄する自治体でも、2019年から技能実習生や特定技能ではない独自の外国人による介護人材確保の補助金制度が開始された。

そのため、技能実習生とは別に、この補助事業に参加することにした。「外国人留学生受入プログラム」である。参加理由は２点あった。１つ目は、自治体が直接ベトナムの日本語学校と事業協定を締結し、現地日本語学校５校と協力していることである。２つ目は、プログラム内容が魅力的であった。

具体的には、ベトナムの日本語学校の半年間の学費（１名あたり最大２万円)、日本入国後の日本語学校１年の学費（１名あたり最大５万円)、居住費（１名あたり最大３万円)、介護福祉士養成施設在学中の２年間の居住費（１名あたり最大３万円）の合計額の半分を自治体が負担する制度であった。

(2) 介護留学生の道筋

これら留学生等は日本に入国後、基本的に施設とマッチングできた学生は、受け入れ施設でアルバイトをしてもらい、介護福祉士養成施設を卒業した後には、施設で就労してもらうことが基本的な流れになる。

一方、受け入れ施設側にとっても、自治体という仲介者により補助金を受けられるというメリットがある。

それに対して、技能実習生や特定技能などは大勢のベトナム人が世界中で就労しており、その中からの優秀な人材の確保に疑念が残る。仮に多くの候補生を確保できたとしても、ベトナムの日本語学校で勉強をしてもらい、同時に受け入れ施設側も自腹で費用負担することから、仮に、半年後入国前に確実にビザが発給されなければ大損となるリスクもないわけではない。

(3) 自治体も初めての事業

しかし、自治体側も実績がなく初めて行う制度でもあり、参加する施設も信頼して参加するしかない。また、面接方法はスカイプ面接だけであったため、技能実習生の受け入れ時に現地面接を実施して満足いく人材を確保できたのとは異なる。

自治体側も多数の受け入れ施設を同時にマッチングするため、施設職員を現地に連れていく時間がないのが理由である。つまり、手探りで進んでいくプログラムに参加したことに違いはない。

9　技能実習生は未来の介護士育成

確かに、現在人材が不足している施設においては、外国人介護士を即戦力として考える場合もあるかもしれない。しかし、即戦力は大きな間違いである。むしろ、人員基準をすぐに満たすためであれば、「特定技能１号」の外国人介護士を受け入れるべきであろう。

基本的に技能実習生の受け入れのメリットは、未来のための介護士育成が主眼に置かれるべきである。繰り返しになるが、日本を好きになり、長く日本にいてもらうためだ。

長中期的に考えれば、技能実習生として３年～５年勤めた後、特定技能１号として在留資格変更をし、５年間働いたとすれば最大10年の人材確保となる。また、特定技能への移行の有無にかかわらず、介護福祉士試験に合格し、在留資格「介護」となれば無期限の就労が可能となる。

その意味では、未来の「投資」と考え大切に育成するべきであろう。筆者らの法人では、介護福祉士試験に合格してもらうため、最大限のサポート体制に努力している。既述した日本語教室のほかに、既に法人で実施している介護福祉士勉強会にも時間外手当を支給し参加してもらっている。

つまり、受け入れ施設側としての準備を充分に行わないと、外国人介護士の受け入れは失敗することになる。技能実習生でも特定技能でも、日本に来て働く外国人が、よい環境で安心して働いてもらうために、受け入れる側の信念と努力が必要不可欠である。

目先の人材確保や人員基準の充足のために外国人介護士を考えるべきではない。自分の親族のように大切に育成する気持ちで、外国人介護士を採用検討しなくてはならない。まだ筆者らの法人も教育体制など手探りの状態ではあるが、今後、外国人介護士の採用を検討している法人にも参考になれば幸いである。

参考文献

・「外国人技能実習制度の手引き」発行：株式会社ウェルネット

・千葉県留学生受入プログラムについて
https://www.pref.chiba.lg.jp/kenshidou/boshuu/2020/documents/programnituiteukeiresisetu.pdf

・特定技能１号と技能実習の違い―メリット・デメリット
https://www.myanmarunity.jp/system/1137/

・介護施設協同組合「のぞみグループ」
https://kaigai-kaigoshi.jp/education/

外国人の滞在・入管の手続き

1 変化し続ける出入国管理行政

(1) 少子化時代

日本政府は、「少子高齢化」を前提としたなかで、労働現場では深刻な人手不足が訪れ、ひいては日本の活力低下を招くという右肩下がりの「未来予想図」を抱えている。

その解決策のひとつとして、外国人材を円滑に受け入れて、日本経済に活力をもたらし、国際交流の一層の躍進をはたすべく、2018年12月に「出入国管理難民認定法」を改正した。その改正法に基づき、2019年4月から「出入国在留管理基本計画」を定めた。

この改正は、今までの頑固なまでの「定住防止」から一定の「定住許容」への新たな入国管理行政の変化ともいえるわけだが、今や200万人を超える外国人定住者と今後増やしたい新規入国者をどうしていくのかという根本的な理論構築はなされないままに、あくまで過渡的措置としての改正であったので、これからも、たびたび改正を繰り返しながら、諸政策等を導入していくものと思われる。とはいえ、「日本に外国人を入れない」という選択肢はもはやなくなったことを認めたことには変わりない。

(2) 出入国在留管理基本計画

この「出入国在留管理基本計画」では、出入国在留管理行政における取組の基本方針を次のとおり定めて、必要な施策を展開していくとしている。

では、その6点の基本方針は、それ以前の「第5次出入国管理基本計画」とはどこが大きく変わったのだろう。変わった点を太字にしてある。

1　我が国経済社会に活力をもたらす外国人を積極的に受け入れていくこと
2　開発途上国等への国際貢献の推進を図るとともに、**技能実習生の保護の観点から**、技能実習制度の適正化を推進すること
3　受け入れた外国人との共生社会の実現に向けた**環境を整備していく**こと
4　訪日外国人旅行者の出入国手続を迅速かつ円滑に実施することで観光立国の実現に寄与すること
5　安全・安心な社会の実現のため、厳格かつ適切な出入国審査及び**在留管理**と不法滞在者等に対する対策を強化していくこと
6　難民問題については、国際社会の一員として、適正かつ迅速な保護の推進を図っていくこと

以上の基本方針の変更箇所をみると、「在留管理」の名のもと、より外国人の受け入れと共生を進めていこうとする方向性が明らかになった。

これまでは、建前では国際貢献や国際交流の重要性を強調していたものの、本音では、産業界からの労働力不足に対応するための「コスト・カット」の対策のひとつとして利用されてきた「技能実習制度」の改善にも取り組もうとしている。

それまでは法務省の内部局にすぎなかった「入国管理局」を「出入国在留管理庁」へと格上げして体制を整備し、法務省による総合調整機能のもとで、「外国人管理行政の一元化」のため、責任官庁として推進体制の構築を図ろうとしている。

2 外国人受け入れの推進

基本計画では、国際化を唱えながらも、「日本経済に活力をもたらす」といういかにも自国中心の考え方ではあるが、具体的にどのような外国人受け入れの対応策がとられようとしているのだろうか。

まず、日本で働く外国人を、以下の３つの分類にわけて対応策を定めた。

ア 経済社会の活性化に資する専門的・技術的分野の外国人の受け入れの推進

専門的・技術的分野の外国人については、引き続き積極的に受け入れていく必要があるとしている。

さらに、今までより、在留資格の決定に係る運用の明確化や手続負担の軽減により、円滑な受け入れを図っていくともしている。

なお、経済社会の状況の変化により、新たに専門的・技術的分野の外国人が必要とされた際には、労働市場や産業、国民生活に与える影響等を勘案しつつ、幅広い視点で在留資格や上陸許可基準の在り方について検討していく。

また、その際には、海外の関係機関、受け入れ機関、対象となる外国人等に分かりやすく利用しやすい制度設計に努める。

イ 高度外国人材の受け入れの推進

高度外国人材とは、日本の産業にイノベーションをもたらすことが期待できる人材であるといっている。国際交流を図ることが、日本の経済成長や新たな需要と雇用創出も期待できることから、関係行政機関等とも連携し、高度外国人材の受け入れの推進に取り組んでいく。また、この制度をより広く利用してもらうため、効果的な広報にも積極的に取り組んでいく。

ウ　新たな外国人材の受け入れ制度の適切・円滑な運用

ここが、新設された在留資格「特定技能」による外国人のことをさす。これは、本格的な少子高齢化・人口減少時代を迎える中で、必要な人手不足対策として、日本の経済社会の活力を維持・発展させていくための措置であり、関係行政機関等と連携して、制度の適切かつ円滑な運用を実現していく。

ここでいわれている、アとイの外国人の違いについてだが、イの高度外国人材というのは、グローバルに、世界中どこででも仕事をして活躍できる世界経済を動かしている高度専門職の人たちのイメージであり、アは、専門的・技術的分野と評価できる分野において働く専門職の外国人をさしている。ここは新たにニーズが生じてくる分野がでてくれば、その都度それを認め拡充していくというイメージだろうか。

それに対して、ウの外国人というのは、慢性的な人手不足対策としての在留資格「特定技能」の外国人材のことをさしている。

この「特定技能」外国人材は、2019 年４月より新設され、現場で単純作業や裏方業務などの仕事を行うことができる人材のことだ（図：４－１）。

図4－1：就労が認められる在留資格

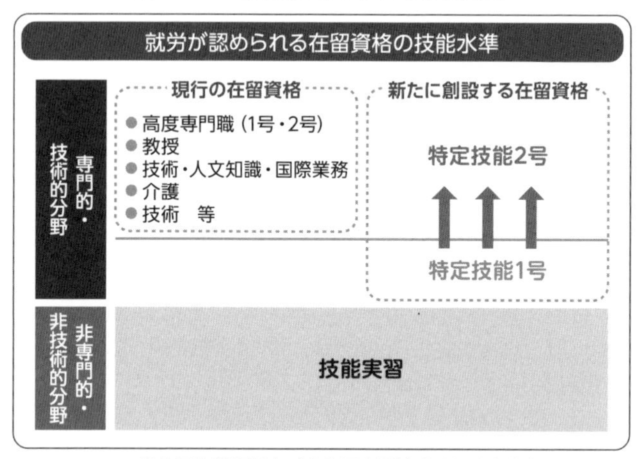

出入国在留管理庁「出入国在留管理 2019 年版」14 頁より
http://www.immi-moj.go.jp/seisaku/pdf/pamphlet_2019_ja.pdf

この分類のしかたからも分かるように、日本経済発展のためには、お金もうけをしてくれる外国人を優遇しつつ、少子高齢化で薄くなった労働力分野を補填しながら、さらに併せて経済の底辺も支えてくれそうな低賃金労働者も受け入れたいという、まさに本音と建前が見え隠れしているわけである。

しかし、さすがにその本音だけでは対応できないので、「出入国在留管理基本計画」を読み込んでみると、それまでのかたくなな外国人の「定住防止」から、一定の「定住許容」へと向かっているのが分かる。具体的には、国民各層への「多文化共生意識」の啓蒙と普及、教育・社会保障・納税・福祉など日本人と同等の諸権利及び義務の履行などを挙げている。

日本に入国しようとし、あるいは現に日本に在留している外国人をめぐる環境は、日本の経済政策や法制度によって、ずっと変化し続けてきたわけだが、ここにきて、「日本語や文化・慣習等の習得、日本での生活支援等の社会統合政策」の実施についても掲げている。

3 少子高齢化社会の外国人介護職

日本の高齢化率は世界でもトップであり、慢性的な人手不足に悩む介護業界ではあるが、なかでも、団塊の世代が75歳を超えて後期高齢者となる「2025年問題」は深刻であると言われている。このときに、介護需要がピークを迎えるのではないかと言われているためだ。

そこで、日本政府は、当初2025年までに、外国人介護職を６万人受け入れるとしている。

それでは、介護職として外国人材をどう位置付けたのだろうか。介護分野での外国人の受け入れに関しては、介護福祉士養成施設に指定されている日本の高等教育機関を卒業し、介護福祉士の資格を取得した者が、介護施設等との契約に基づき介護福祉士として就労できるよう在留資格「介護」を創設し、2017年９月に運用を開始した。

4 新たな在留資格「特定技能」

現状でも「介護職」は、「専門的・技術的分野の外国人」として位置付けられ、「我が国の経済社会の活性化に資することから積極的に受け入れる。」とされてきた。

しかし、今までの制度下では、とうてい必要とされる「専門的・技術的分野の外国人」の介護職は足りない状況であった。

そこで、「我が国経済社会の活力を維持し、更に発展させていくために必要・不可欠な人材であり、引き続き積極的な受け入れを進めていく」ために、特に、人手不足対策でもある在留資格「特定技能」による外国人の受け入れについても併せて運用していこうということになったわけである。

新たな外国人材受け入れのために在留資格「特定技能」を設けて、特定の産業分野（介護分野を含む）に属する「相当程度の知識または経験を要する」業務に従事する外国人を増やそうという狙いである。

しかし、その運用に関しては、今までの状況を改めなくてはならないとし、受け入れ環境の整備をしようというのである。

そのためには、賃金水準を含む適切な就労環境や、適切な支援の実施等を確保し、円滑な受け入れを実現していく必要がある。また、外国人やその家族から保証金を徴収したり、外国人等との間で違約金の定めをしたりするなどの送出国の悪質な仲介事業者等の介在防止を図る必要があるとしている。

なお、人材の不足している地域の状況に配慮し、当該在留資格の外国人が大都市圏等に過度に集中して就労することとならないよう必要な措置を講じることも求めている。

介護職の場合は、厚生労働省が関係行政機関となり、人手不足地域の状況等を正確に把握し、継続的なフォローアップを行うとしている。

また、「特定技能」の外国人を受け入れた企業に対し、日本の文化や慣習等になじむように、雇用契約、活動内容はもとより、生活支援を含めた支援計画が、適切に立てられているかどうかも審査の対象となった。

しかし、結局のところ、一つの法的担保として、人手不足に悩む業界に「特定技能」という在留資格を新たに作ったのだから、あとは、現場の事業者が適切に運用するように、ちゃんとやっているかどうかの、審査や監査は厳しくするからね、不正をすると監督官庁が免許を取り消すよと釘をさしていることを、「外国人受け入れのための対応策」と言っているにすぎない。

5 「技能実習制度」の改善

(1) 労働者としての法的保護

さらに、介護職は、「技能実習制度」の受け入れ分野でもある。「技能実習制度」は、開発途上地域等への技能等の移転による国際貢献を目的とした制度だが、産業界の「コスト・カット」対策の側面も持ち合わせていた。

同制度については、労働者としての法的保護の対象とするなどの改善が重ねられてきたものの、依然として、不適正な受け入れを行う監理団体や実習実施者が存在していて、制度本来の趣旨に沿った運用が徹底されているとは言い難い状況にある。

しかし、その一方で、産業界からは対象職種の拡大、実習期間の延長等の技能実習制度の拡充に関する要望も寄せられる状況であった。

そこで、法務省および厚生労働省は、学識経験者や関係団体等の有識者からの提言等も踏まえて制度の見直しを検討し、2016 年 11 月には「技能実習法」が成立し、2017 年 11 月に施行された。

新たな技能実習制度においては、監理団体の許可制、実習実施者の届出制および技能実習計画の認定制が導入されたほか、同法により、新たに創設された機構による監理団体等に対する実地検査等の実施、技能実習生に対する人権侵害行為に関する禁止規定・罰則が整備され、制度の適正化が図られた。また、技能実習生に対する保護策として、機構による母国語相談の実施や実習先変更支援等の援助業務が実施されている。

(2) 不適正な送出機関

さらに、保証金を徴収するなどの不適正な送出機関の排除を主な目的として、送出国政府との間で二国間取決めの作成・協議が進められており、2019年3月末時点で13カ国との間で二国間取決めが作成されている。

加えて、優良な監理団体等については技能等に熟達するための在留資格「技能実習3号」の受け入れを可能とし、受け入れ期間を最長5年に延長するなどの制度の拡充策も図られている。

しかし、依然として、技能実習制度には多くの問題があり、中でも、近年、実習先から失踪する技能実習生の数は、2016年を除き、一貫して増加傾向にあるが、有効な対策は取られていない。

失踪の原因には様々なことが考えられるが、例えば、送出機関等から不当に高額な手数料等を徴収され、その借金の返済の必要性から、より高収入な就労先を求めて失踪するケースが考えられる。その背景には、依然として、悪質な仲介事業者が介在する実情があると指摘されている。

また、長時間労働や賃金等の不払等の労働関係法令違反や、本来の技能実習計画とは異なる作業の実施、帰国を強制するなどの不正行為等を行う実習実施者等が存在しており、この点も失踪の原因と考えられる。

筆者の所属する行政書士会でも、入管業務に携わるにあたっては、このようなグローバルな犯罪組織と表裏一体のブローカーにどう対処するのかという研修は毎年行われている。

以上のように、外国人介護職の受け入れにあたっては、「高度専門職」「特定技能」「技能実習」というように、在留資格を区分けして、峻別化し管理している。そして、この区分け間の流れをスムーズにすることで、「技能実習」から「特定技能」へ、そして「高度専門職」へと在留資格を拡大的に活用しながら、中高度の外国人労働力移入を推進し、社会保障など法的安定性を付与し、「少子高齢化」が進む日本の介護職不足という社会的・経済的課題に対応しようとしているわけである。

しかし、このように、外国人を都合よく峻別して管理しようとしても、いずれ破綻することは、目に見えている。

現に、バブル崩壊時には、30万人いたと言われる「資格外労働者」および「不法残留者」の単純労働に従事する外国人だが、摘発等の強化により、2000年以降は15万人に減り、現在では４～５万人になったと言われている。しかし、そこには、中・長期的な不法残留者として社会の底辺で生活しなければならない外国人とその子供たちの現状があり、解決の目途も立っていない。

外国人介護職として、来日した彼らのなかには、様々な事情により、将来そのような立場におかれてしまう人たちもでてくるのではないだろうか。

6 「外国人受け入れ体制」の社会的基盤づくり

もちろん、今後の日本の「少子高齢化」に伴う労働力不足は、なにも介護職に限られるものではない。

サービス産業や建設業界で顕著になった「人手不足」から、雇用面では「売り手市場」と言われている。女性の社会進出の促進や、高齢者の雇用促進や定年延長など、産業雇用政策全体の構造的な「見直し」も言われている。

だからこそ、単なる一過性の対応ではなく、中長期的な「外国人移入策」を本格的に検討する段階に入ったと言えるだろう。

しかし、本格的な「移民政策の導入」を図ろうというには、少子高齢化のスピードが待ったなしなのに比べて、まだまだ、外国人との共生社会をどう作っていくかという世論は形成されておらず、意識づくりが始まったばかりだ。

また、今の政治状況からはインパクトのある即決的「移民政策論」が論じられるとは思えず、入管法等の国内各種関連法令の範囲内で、外国人の処遇を進めていく形になると思われる。

これからも、さらなる「入管法の改正」がされると思われるわけだが、改正されていったいどこがどう変わるのかというポイントは、日本人にも外国人にも分かりづらいものであり、混乱は避けられないのではないだろうか。

そのような中にあって、「外国人の受け入れ」と「共生」について、最初に考えなければならない立場に置かれるのは、一緒に働く日本人の労働者だと思われる。

介護労働の現場がどのようなもので、どのような課題があるのか、その解決のためにはどうしたらいいのか。外国人介護職とどううまく連携し、連帯してやっていけるのかという課題を解決していくことは、「共生社会の実現」に向けての基盤づくりになると考える。

教育（研修）内容の比較（ベトナムの例）

本章では、ベトナムにおけるEPA介護福祉士候補者や民間の介護技能実習生が、日本に渡航する前の研修でどのようにして日本語や介護技能を学んでいるのかを紹介し、また、各機関に入所してから渡航するまでのスケジュール等について述べる。

本章の構成は大きく3つに分け、第一にEPA介護福祉士候補者について、第二に介護技能実習生、第三にまとめを述べたい。

なお、EPAでは看護師候補者も含まれるが、専門授業以外は介護士と学習内容に差がないこと、本書の目的が介護福祉士に関することであるため、除外して記述する。また、EPAはインドネシアとフィリピンでも行われているが、到達目標や渡航要件が異なるため、本章では筆者がベトナムにおいて訪日前日本語教育に携わった経験から、ベトナムについてのみ述べることを予めご了承いただきたい。

1 日本ベトナム経済連携協定（JVEPA）に基づく介護福祉士候補者に対する訪日前日本語教育について

(1) 概要

① 趣旨

外務省によれば、日本ベトナム経済連携協定に基づく、看護師介護福祉士候補者に対するこの事業の趣旨は、「介護・介護分野の労働力不足への対応ではなく、二国間の経済活動の連携の強化の観点から、経済連携協定（EPA）に基づき、公的な枠組みで特例的に行うもの」となっている。そのため、労働者不足への対応ではないことはもとより、技能実習制度との違いは、技術移転ではなく、両国の交渉及び合意に基づくものであることである。また、技能実習制度とは大きく異なる点がもう一つあり、それは出資団体の違いであり、EPAの場合は両政府であるため、事業の目標達成に向け、両国から支援を受けられる点である。

②　訪日前日本語教育事業の目標

ベトナムEPAの場合、日本への渡航要件はN3以上を取得することである。その目標を達成するために必要な環境や期間、指導、運営体制等様々な事項が両政府の合意に基づき決定、整備されており、事業を成功させるために協力が行われている。

③　運営概要

EPA自体は両政府に基づく協定であるが、関係省庁である経産省や外務省、厚生労働省などが直接、人員を派遣して日本語教育を行っているわけではない。毎年３月ごろに外務省から日本語教育の実施団体の公募が行われ、競争入札のもと毎年実施団体が決定される。ベトナムにおいては、日本語学校である株式会社アークアカデミー社が第１期から第９期まで９年連続で受託しており、同社が両政府からの支援を受け、ベトナムで日本語教育を行っている。したがって、事業を成功させるためにも、両政府への定期的な報告等運営状況、指導状況を共有し、運営上の課題が生じれば協力を仰げる運営体制となっている。

(2) 教育体制

①　学生数

EPAで日本語を学習する学生数の上限は、毎年両政府の合意のもと決定される。近年は定員数240名で行われている。毎年定員数以上の応募があり、選抜試験が行われ、定員240名で各期が開始される。なお、この240名は看護師候補者も含まれるが看護と介護の割合は定められていない。介護士のみだと、例年200名前後である。

男女比は女性が多く、男性30～40名に対し女性が200名～210名である。日本も同様かと思うが、看護師を志望する人はベトナムでも女性が多く、看護大学卒業がEPAの応募条件であることから、男性の割合は低い。

年齢は、新卒にあたる21～22歳が最も多い。応募条件に35歳未満という要件があるが、30代は稀であり、20代後半も総数としては20名に満たない。20代前半が9割近い数を占めている。

② クラス数

日本語学習効率に鑑み外務省が定めた要件にクラス人数に関する記載があり、1クラス最大18名程度としている。しかし、全員が未習者ではなく、ひらがなを習ったことがある者からN3レベルの者までいるため、クラス数は14クラス程度になる。

余談にはなるが、ベトナムでの日本語の人気は高い。学習の動機は、就職に有利という先を見据えたものから、日本のアニメや映画、音楽などが好きだからという趣味が高じて本格的な学習をするものなど様々である。

③ 教員数

こちらも外務省が定めた要件があり、1クラスあたり日本人日本語講師が1.5名以上、ベトナム人日本語講師が0.5名以上の複数の担任を置き、きめ細やかな個別指導ができる体制となっている。したがって、日本人日本語教師は21名程度おり、ベトナム人講師も最低でも7名程度は必要となる。

海外の一つの学習機関においてこれほど多くの日本人日本語講師がいることは大変珍しく、またベトナム国内において1団体に勤務する日本人数（事務方含む）は最大との話もあった。そのため、研修所内で学生は日本人と話す機会に恵まれており、聴解や会話力の向上を行うことができる大変整った環境である。

④　**外部講師**

日本語授業の他に介護授業の専門講義が設けられており、本書でも執筆されている、淑徳大学の結城教授、米村教授など10名程度の方に外部講師としてご協力頂いた。年に数日あるは数時間のみではあるが、事業達成に向け必要な教育を行って頂いた。

(3) 設備

①　**日本語教室**

借用している施設の関係もあり、全て共通の大きさではないものの、20名程度が入れる面積を擁している。黒板の部屋もあれば、ホワイトボードの部屋もあるが、テレビやエアコン、ラジカセは完備されている。テレビは日本語教師のパワーポイントを映すためであり、一般の番組は視聴できないようになっている。

②　**介護設備**

筆者が勤めていた時は、施設内に介護用設備は常備されていなかった。７月のJLPT後、結果が出るまでの間に専門授業として、上記外部講師による介護の授業が行われており、その際に介護施設等からベッドや車いす等をレンタルし、介護実技の授業を行っていた。また、ベトナム国内の介護施設で実習する機会もあり、入浴介助や食事介助などを行っていた。

③　**寮**

学生たちは全員、研修所内の施設の寮で生活をしており、部屋の大きさの都合上、４人部屋から８人部屋まであった。部屋の中にはエアコン、２段ベッド、ロッカー、自習用の机などがあった。各フロアに共有のシャワーとトイレがあり、部屋ごとに時間割が決められ、自主的に運用されていた。洗濯機はなく、各自手洗いであった。

(4) 日本語授業

① 年間スケジュール

EPAの場合、例年9月か10月ごろにEPAの募集が開始され、11月中旬にハノイ及びホーチミンで選抜試験が行われる。その後、11月下旬に結果が発表され、12月中旬には入所となり、翌年12月のJLPTまで約1年間日本語学習に集中することになる。

この1年間を大きく4つの学期に分けている。既修者は7月のJLPTでN3を取得できるように既修者クラスを設け、基礎の確認をしながら早めにN3対策を行い、7月での合格を目指す。一方で未修者クラスは、7月のJLPTは腕試し程度の感覚でN3を受験する。合格してしまえば渡航要件の最難関の一つをクリアできるため、またN3のレベルを体感できることもあり、N4やN5を受験するメリットがない。例年、既修者クラスを含め50〜60名程度がN3に合格する。

7月のJLPT以降は合格発表が出るまで介護の専門授業などを行い、合格発表後は速やかにクラス分けが行われ、12月のJLPTに向けN3対策、N2対策が行われる。

② 1日のスケジュール

学生たちは毎朝6時に起床し、身支度、ラジオ体操、朝食、教室の掃除をしたのちに、8時から授業が開始される。昼食は55分間あり、その後30分程度自習又は学習面談等の時間があり、17時まで授業が行われる。18時の夕食までは自由時間であり、20時半から22時までの自習時間を除けば自由時間となっている。消灯は24時となっている。

掃除や洗濯、身支度などをしているとあまり多くの自由時間はないようだが、彼らの様子を聞くと学生同士楽しく過ごしているようであった。

③　**総学習時間**

学習時間も外務省により要件が定められており、日本語学習時間の1,500時間に加え、社会文化・職場適応研修の300時間、合計1,800時間が求められている。そのため、週５日間の学習に加え隔週土曜日の午前に授業を行っている。

学生は毎日８時間の授業に加え、自習時間が1.5時間あり、それとは別に宿題をこなすこともある。

休日は、門限が定められている以外は自由に外出できる。

④　**教材**

日本語教育については、筆者は素人であるため、どの教材が何用かは分からないが、多くの日本語教育機関が利用している教科書を用いていた。漢字学習についてはアークアカデミー社の出版物を利用していた。

(5) 研修終了後、日本への渡航まで

①　**研修終了後**

12ヶ月の研修後は、まず、数日間かけ企業説明会が実施され、健康診断も行われマッチングに向け最終的な準備が進められる。その準備期間が終わると、研修所に滞在することができないため、５月末に日本へ渡航するまで基本的に過ごすことになる。基本的にというのは、３月まで週に数回スカイプを用いて会話練習等を行う遠隔

学習が実施されるため、最低限その時間は確保しなくてはならない。また、ハノイ市内に残った学生は、JLPTの結果が出るまで、研修所内の別の場所で開かれている日本語教室に任意で参加する。

もちろん、自由に過ごすものが多く、日本語をすっかり忘れてしまう者もいれば、自習を続け、在籍中よりも上達するものもいる。渡航後は2.5か月間日本で、合宿形式の教育を再び行う。その中では、専門日本語研修や、社会文化適応研修及び看護、介護導入研修などが行われる。

② N3合格者

介護学生200名程度のうち、例年85%超が合格しており、JICWELSを通じて企業マッチングを行い、日本への入国準備を進めていくことになる。マッチングは遅くとも2月か3月には決まる。4月に渡航ガイダンス、5月末の渡航前には、全員研修所に集められ、2～3日かけて最終ガイダンスと荷物の計量、入国時の諸手続きの案内などが行われる。看護を含めると毎年240名近い学生を一斉に送り出すため、空港でのスムーズなチェックイン、出国審査などを行えるよう、準備を行う。

出発日には、ベトナム政府側の担当官らと空港で見送りが行われ、ベトナム人の代表として日本で活躍することが期待される。

③ N3不合格者

残念ながら不合格となった学生は、二度と渡航のチャンスがないわけではなく、何年たってもN3さえ合格すれば、渡航するチャンスがある。我々は、これを「再チャレンジ組」と呼んでおり、早い者は次の7月で合格をし、粘り強く学習を続け数年遅れて合格することもある。合格後は、上記の合格者と同様の流れで日本へ行くことになる。

筆者は事務方ではあったが、試験会場で再チャレンジ組と会うのは喜ばしく、無事にN3に合格し、日本へ行くチャンスを掴めた彼らを見ると自分のことの様に嬉しく思えた。直接指導していた講師陣からすれば、感慨深いことは間違いないだろうと感じた。

④　免除者

原則的に、EPAでの研修所で学んだN3合格者がEPA候補者として日本に渡航できるが、研修所に入所する前に既にN2を持っている者は研修が免除される仕組みがある。研修所で学習した学生たちとの違いは、普段の生活指導や職場適応研修を受けていないため、少し雰囲気が異なる程度でしかない。事務方として学生と接してきた筆者がその程度しか感じないのであるから、初対面である企業側が感じる違いは、ほとんどないと考えている。

(6) その他

①　生活指導

筆者は在籍中、学生の生活指導を担当していた。飲食禁止の場所で飲食していたものを呼び出し注意することもあれば、無断外泊など無断欠勤に等しい行動を取る者への指導など、様々なレベルの指導をした。正直なところ、一部の学生はルールを順守する意識が相当程度に希薄であり、入所当初はそれらを合理的に説明し理解してもらうまでが一苦労であった。

②　実はみんな猛者（？）

上述した通り、彼らは年間1,800時間以上学習する。これは、法学部生が国家公務員試験１種合格を目指すのに必要とされる勉強時間と同様であり、かなりタフな生活を送ることになる。言い換えれば、EPA修了者は1,800時間超の学習を乗り越えた猛者であり、環境さえ与えられればしっかりと学習する人が多いといえる。もちろん個人差はあり、自ら進んで学習を進める天才、秀才型もいれば、指示待ちに近い状態でのんびりと学習する者もいることを忘れてはならない。彼らはあくまでも一人の人間であり、全員が全員同じではないことに注意する必要がある。

2 介護技能実習生

今回、介護技能実習生への教育を行っているHOANGLONG CMS社（ホアン・ロン人材派遣株式会社）とJIS社（ジェイ・アイ・エス人材開発株式会社）の2社に訪問することができた。それぞれ順に紹介をし、どのような取り組みを行っているかを述べていきたい。

(1) HOANGLONG CMS社

① 会社概要

HOANGLONG CMS社は1999年に設立され、社員数は230名（うち日本人8名）を擁し、これまでに日本や台湾を含む16か国に対し、2万6千人以上もの人材を送り出した実績を持つ、ベトナム国内でも有数の送出機関である。また、介護技能実習生の解禁に伴いベトナム国内で介護技能実習生送出機関として認証された最初の6社のうちの一つでもある。またベトナムから初めて介護技能実習生を送り出した機関でもある。

② 日本への送出実績

2013年から日本への送出を始め、これまでに5千人弱を送り出し、2019年度は単年で4,000名程度を送り出す見込みであり、日本市場へ注力している。送り出した業種は、農業、建設、食品製造、繊維衣服、機械金属などであり、食品製造と機械金属に強い。

③　**人材募集**

技能実習生を希望する学生の募集は、提携大学（ベトナム国内38校）との連携によるものと、自社募集によって行われている。自社募集では、大学や高校、人民委員会などでセミナーを行い、応募希望者を募っている。応募者の最終学歴は主に高卒（40％）や短大卒（43％）で占められており、大卒（12％）も幾ばくかいる。

応募後、IQテストや計算テスト、体力試験、各専門テストなどを要望により実施し、正確なマッチングを提供している。

④　**到達目標**

各業種、職種によって求められる目標は異なるが、介護技能実習生に関しては、入国後１年以内にN3取得が求められていることから、ホアン・ロン社の方針として、実習生の出国までにN3レベル相当に達するような教育を目標としている。

(2) 教育体制

①　**学生数**

EPAとは異なり、学生数は企業の採用数に基づくため、常に何名というわけではない。また、2020年はコロナの影響による採用のキャンセルなどもあり、筆者が取材に訪れた時は40名程度が学習していた。コロナ前は１か月に１度募集及び面接を行っていたが、コロナによる影響のため、面接実施数は激減したとのことであった。

なお、ベトナムから初めて送り出した介護技能実習生である、１期生は23名であった。研修が終わったものの渡航ができない学生らは、在宅待機となっている。

② **教員数**

基本的には技能実習生と同様であるため、介護用の教員として区別は行われていないが、最大1,800人収容可能の第二センターの教員数は75名であり、N2とN3レベルの教員が大多数を占めるが、N1所持者や日本人も併せて10名程度在籍していた。

また、介護専門の講師も3名常駐しており、日本人介護福祉士も在籍している。

実技面は日本人介護福祉士が指導し、理論面はEPAで日本の介護福祉士資格を取得した講師が指導している。

③ **実習**

これまで学習してきた総まとめとして、日本に入国する前にベトナム国内の提携先の介護施設で、実習を行っている。

(3) 設備

① **日本語教室**

一般的な日本語教室と同様に黒板又はホワイトボードにテレビモニターまたはスクリーンが設置されていた。

② **ICT教育**

ホアン・ロン社の特徴として、学生の日本語学習にICTを導入している点がある。そのため、学習進度確認用に、パソコンが並んだ教室があり、学生らはそこでテストを行っている。学生のテスト結果は分析されセンター全体の改善につなげている。

③ **介護設備**

実技練習をするための介護用ベッドや車いす、作業台など様々なものが棚に整理され準備されていた。

(4) 日本語授業

①　入所から日本入国まで

企業からの人材募集の依頼が届いてから日本に入国するまでは、およそ１年２か月～４か月程度であった。企業からの人材募集から面接までがおよそ１か月から２か月かかり、合格発表後２週間でセンターに入所となる。入所後２か月を目途にN4合格が厳しいと判断された場合は、辞退を促すこともある。入所６か月目にN4テストを行い、85％程度が合格する。合格できなかった場合は対策クラスへ異動することになる。合格後は、実技120時間と３か月半かけて専門日本語や場面会話を行う。入所11か月後ほどで卒業となり、日本へ渡航することになる。

EPAとは異なり、先に採用先が決まっており、卒業後はすぐに渡航できるため、学生らにとっても早く日本に行ける点がメリットである。

②　１日のスケジュール

朝６時に起床し、ラジオ体操等の運動、身支度の後、７時から朝食。８時から自主勉強（音読や自習）、９時から授業となっている。

17時に授業が終わり、19時半～21時まで自習時間で１日９時間程度学習することになっている。

③　教材

『新日本語の基礎』や『みんなの日本語』を使用しているとのこと。現在携帯アプリで学ぶ日本語ソフトを開発中とのことであった。

(5) その他

①　他の技能実習生との学習進度の違い

N5レベルまでは同じ速度で進むが、それ以降は少しゆっくりと進める。N4レベル以降は専門語彙も含めて進めている。渡航前には、スカイプなどを使って、施設のスタッフや利用者さんと会話を行い、渡航前から関係性の構築を行っている。卒業後もオンラインでフォローをし、N3に近いレベルまで教育を行う。

② **特徴**

日本語と実技指導には自信があり、折り紙や歌などを覚え、日本へ入国後すぐに役立つスキルを身に付けている。また、会話も実践を想定して呼吸器などの機械操作を想定した内容にしており、すぐに仕事に対応できるよう工夫された指導がなされている。

他にも家族面談や家庭訪問を実施している。この制度は、面接後、受入企業と合格者の家族で面談をすることで、日本での問題発生率を低減させることが狙いである。どのような問題かというと、実習生が日本で何か悩みや問題が発生した際、管理団体や送出機関、企業よりも先に「家族」へいち早く連絡することが多い。家族が受入企業のことを文章の情報でしか知らないのと、代表者や社員と面談しているのとでは、合格者へのアドバイスに大きな差が発生する。家族面談を実施することによって、問題を大きくしない、あるいは大きな問題になる前に早期解決を果たす方策として実施されている。

(6) JIS社

① **会社概要**

JIS社は2017年に設立された企業であるが、介護留学生をメインに、技能実習生、特定技能と人材ビジネスを幅広く扱っている企業である。また、千葉県とのプロジェクトを始め、様々な機関、医療法人と提携をしている。

今後、介護実習センターを設置し、本格的な介護技術が学べるように環境を整える予定である。

本社及び研修センターの所在地は、国立大学である公衆衛生大学内にある。

② 日本への送出実績

前述の通り、JIS社は介護留学生に力を入れており、これまで送り出した介護留学生は300名を超え、ベトナム国内で最も介護留学生を送り出した機関となっている。留学生の渡航要件はN4以上となっているため、日本へ入国するまでには全員N4以上まで教育を行っており、中にはN3やN2レベルに到達する学生もいる。

また介護人材受入促進のため「千葉県留学生受入プログラム」においては、年間100名を紹介する予定であり、受け入れ枠全体の50%以上を占めている。

技能実習生に関しては、10名を送り出し、30〜40名が現在待機中となっている。この他に35名ほどが現在学習中である。

③ 人材募集

全体の90%が関係者からの紹介であり、身元がはっきりしており、採用後の急なキャンセルなどのトラブルが少ない点に特徴がある。また、日本へ行くための手数料を相場より抑えることにより、金銭トラブルの回避やよりよい人材の募集を実現している。

(7) 教育体制

① 学生数

介護技能実習生は、前述の通り35名程度が学習中である。一方で介護留学生は、200名超が学習している。介護留学生が多い理由の一つに、先の「千葉県留学生受入プログラム」の他に、鳥取県にある日本語学校が行っている「外国人材育成雇用プロジェクト」による留学生募集があるためである。

② **教員数**

教員は、全体で12名おり、日本人日本語教師が3名、ベトナム人日本語講師が9名となっている。JIS社の特徴として、事務スタッフも含め全員がN2以上を取得していることがある。お客様とのコミュニケーションに必要なのはもちろんのこと、学生指導にも役立っているように思える。

③ **実習**

近隣の老人ホームで2週間実習を行っているとのことであった。

(8) 設備

① **日本語教室**

JIS社の教育センターが大学内に設置されているためか、一つ一つの教室は上述した二つより少し大きく感じた。また建物も新しく大変綺麗な環境であった。

教室には、移動式のホワイトボードが設置されていた。机も一人一人に机があり、学習環境としては、とても充実しているように窺えた。

② **ICT教育**

独自のソフトによるEラーニングを活用した教育も行っている。学んだ知識を確認することができ、さらに知識を確実なものとすることができる。同様に、教師側も学生の学習状況を確認できるため、弱点の把握や伸び悩んでいる点について重点的な指導が可能となっている。

③　介護設備

現在、介護実習センターの設置準備中であるため、実習専用の部屋はなかった。そのため、教室内に実習用のベッドや風呂、シャワー、車いすなどが置いてあり、介護実技の時間には、机を全て端に寄せ授業を行っているとのことであった。

(9) 日本語授業

①　入所から日本入国まで

他の送出機関と同様に、企業からの採用情報をもとに募集をかけ、面接を行い、合格者は１年かけて日本語学習をしたのち、日本へ渡航となる。

JIS 社の面接では、企業が候補者全員に対して挨拶と企業説明時間があり、改めて応募の決意があるかを確認する。そのうえで、筆記試験や集団面接に加えて、個別面接を行い個々人について理解を深める形式を取っている。必要に応じて体力試験や実技試験を実施することも可能となっている。

②　１日のスケジュール

朝は６時半から始まり、８時から授業が始まる。途中にお昼を挟み、16 時 30 分に授業は終わるが、17 時 15 分まで各自復習を行う時間が設けられている。その後、自由時間、夕食を挟み、20 時半から 22 時まで自習の時間がある。他の機関と異なる点は、大学内にセンターがあるため、夜間は寮の中で自習となっている点である。そのほかにも運動の時間や月１回サッカー大会などを行い、体調や健康面にも留意している。

③　教材

日本語の教材は一般的に使われている教科書を利用するが、介護に関してはオリジナル教材を使い、より深い知識を身に付けることができるよう配慮されている。

(10) その他

① 教育方針

筆者が知っている送出機関の多くは、軍隊的な指導や教育が多い印象だが、JIS 社は、厳しい指導より学生らを励まし応援する方針で教育を行っていた。とはいえ、5S の指導は丁寧に行われており、施設内は綺麗に管理されていた。一方で、アメとムチではないが、ルール違反３回は退学処分と厳しい面もあるものの、これまでドロップアウト者は０名であり、学生も職員も明るく和やかな雰囲気であった。

② 特徴

人間育成をモットーにしており、教育プログラムは「善・心・良い人間」になれるように教育している。そのため、２週間に１度、生徒に考え方、コミュニケーションスキル、人格教育のインスピレーションを与える授業を行っている。この授業に参加した学生は全員が認識を新たに、チームワークが向上し周りの人に心遣いをするようになり、日本語の勉強もより熱心になる。

このように、学生の自主性を尊重し、自ら考えて行動できる人材の育成に力を入れている点に特徴がみられる。

3 まとめ

大枠でいえば、EPA も技能実習生も１年ほどかけて日本語や介護技能や介護理論の基礎を学び、日本へ渡航にすることになる。しかし、教育体制や日本語力（日本語の到達目標に起因する）、採用から入社までに要する期間など詳細にみれば、異なる点が多い。

例えば、教育体制でいえば、EPA は学生 10 人あたりに１名は日本人日本語講師がいるのに対して、技能実習生では 20～30 名に対して１名の日本人日本語教師数となっており、研修中に「日本人の日本語」に触れる機会がどうしても少なくなってしまうため、会話や聴解などに課題を感じるかもしれない。

日本語力についても、EPA は渡航要件に N3 以上と定められている上、渡航後も２か月間合宿形式の研修が行われ、日本語力はブラッシュアップされてからの入社となる。技能実習生の中でも優秀な学生は存在するが、平均すると EPA の方が日本語力は高いと考えられる。これは、渡航要件の制度上の課題であるため、各機関の教え方の差ではないことはご理解頂きたい。

採用から入社までの期間については、EPA は研修終了後に企業とのマッチングが始まることから、半年程度で入社となる。一方で、技能実習生は採用面接から１年ほどかかるため、人員配置に変更が生じてしまう可能性はありえる。しかし、学生側から見ると、EPA の場合、卒業してから入社まで２年以上の時間を要するが、技能実習生であれば１年程度で渡航できるのが魅力的だ。徐々に経済成長を遂げているベトナムではあるが、やはり農村地域出身者は早く渡航して稼ぎたいという想いが強いため、EPA は時間がかかりすぎる点に課題がある。

採用候補者の母数について、EPA は 180 名から 200 名程度の母数の中から他企業との取り合いになるわけだが、技能実習生であれば、送出機関と相談の上、希望する学生を集めてもらえ、その中でさらに適した学生を選ぶことができる。日本語力より、人物像や性格などを重視したいのであれば、技能実習生の方が適していると考えられる。

第6章 外国人にとって日本語を学ぶうえでの壁

1 日本語教師の目線から

日本語教師として、現在まで留学生をはじめ日本で就職を希望する学習者、技能実習生、そして、EPA（経済連携協定）に基づく看護師・介護福祉士候補者への日本語指導などにあたってきた。日本で働く外国人看護師、介護師たちの定着が課題となっているなか、その理由のひとつに日本語でのコミュニケーションがあげられる。

日本人職員と外国人職員の間でコミュニケーションにどのような「壁」があるのだろうか。日本語教師の目線から、日本語とはどんな言語なのか。外国人が日本語を学ぶうえで、どんなことが難しいと感じるのか。そして最後に職場でのコミュニケーションとその解決策のヒントをこちらの章でお話したいと思う。

2 日本語学習者の推移

近年、世界中で日本語を学ぶ学習者が増えているという話をよく聞く。国際交流基金が2018年度に実施した、「海外日本語教育機関調査」の結果報告書『海外の日本語教育の現状 2018年度日本語教育機関調査より』によると、過去最多の142の国・地域で日本語教育の実施を確認し、学習者数は3,851,774人と2015年に実施した前回の調査から再び増加しているという結果が見られた。

学習者数が最も増加しているベトナムに関しては2015年の調査では64,863人だった学習者数が2018年の調査では、174,461人と2倍以上に増えている。

「日本語学習の目的・理由」(全教育段階）という調査項目では、「マンガ・アニメ・J-POP・ファッション等への興味」というサブカルチャーへの関心が最も高く、「日本語そのものへの興味」という項目が次に続いている。この結果からサブカルチャーを通し、日本語に興味を持ち、その興味から日本へ留学したり、就職したりすることを考える学習者が多いことがわかる。

3 日本語を学ぶ難しさ

(1) 日本語とは？

では、日本語とはどんな言語なのだろうか。みなさんは外国語を学んだ経験があるだろうか。外国語を学んだ経験のある方は、どんなことが難しいと感じただろうか。単語を覚える。覚えてもすぐ忘れてしまう。発音がなかなかうまくできない。文法ばかり勉強して全然話せない。スペルをすぐ間違えてしまう。せっかく話せる機会があってもミスを恐れ、思うように言葉が出てこない……など。

外国語を学んだ経験のある多くの方は共通に感じることがあるのではないだろうか。では、外国人が私たちの母語である日本語を勉強するとき、どんなことが難しいと思うだろうか。実は、私たちが日常生活の中で何も考えずに使っている日本語。それを外国語として学ぶ日本語学習者にとって、日本語はとても難しい言語なのである。

(2) 漢字について

まず、日本語には勉強しなければならない文字が３つある。「ひらがな」「カタカナ」「漢字」だ。世界の言語を見ても文字の種類が複数ある言語はとても珍しい。特に、漢字は日本語学習者にとって大きい壁となる。

日本語学習者は多くの場合、ひらがな→カタカナ→漢字の順番で勉強をしていく。しかし、ひらがなを勉強している間にも、日本語のメインテキストや読解、聴解の教材には多くのカタカナや漢字が出てくる。ひらがなを学び、「読めた！」「さっき勉強した文字だ！」という感動や喜びと共に、カタカナや漢字を目にし、「全然わからない」「なにも読めない」「どうしよう」というがっかりした気持ちが生まれる。

文字を学べば学ぶほど、この「どうしよう！」という気持ちが大きくなり、漢字を学び始めるころには、「これからこの数えきれないほどの漢字をどうやって覚えるんだ……」という果てしない気持ちになる。学んでも、学んでも次々と出てくる漢字の嵐に学習者は挑んでいかなければならない。日本語は文字を学ぶだけでも、とても大きな労力を要する。

では、なぜ漢字が大変なのだろうか。非漢字圏（母語に漢字を使用しない国）の学習者にとって漢字は、様々なことを確認しなければならない。書き順も正しく学ばなければならず、自分が書いた漢字の形が教科書と同じか、きれいか、正しいかなど自分では判断が難しいこともある。

そして、漢字には「音読み」と「訓読み」がある。特に、「音読み」はひとつの漢字単独では使わない場合が多く、ほとんどの場合ふたつ以上の漢字を使った「熟語」として、他の漢字と一緒に覚えなければならない。

また、この「音読み漢字」は、読み方がひとつではない。熟語によって読み方が違い、読み方のルールがあるようでない。しかし、漢字は日本語を学ぶ上で避けては通れない。

文字が３種類あること。そして、その中には漢字があること。これがまず日本語が難しい理由の一つである。

(3) あいまい表現について

次に、文法や表現を学び始めると気が付くことがある。それは日本語に「あいまい表現」が、とても多いということだ。例えば、断るときの「うーん、ちょっと……」、場面によって意味が変わる「いいです」や「すみません」、美容院などで使う「長めに切ってください」の「長め」、会議や商談などでよく使われる「検討します」など、私たち日本人がなにも考えずに使っているこの「あいまい表現」が日本語学習者にとっては頭を悩ませるポイントだ。断るときの「うーん、ちょっと……」のちょっとのあとの「……」にはどのような気持ちが込められているのか。「いいです」は本当にいいのか。それとも嫌なのか。「検討します」は肯定なのか否定なのか。「長め」は何センチなのか。そしてさらにこの「あいまい表現」の使い方は人によって違うこともあり、日本語学習者の悩みはますます増えていく。

自国で日本語を学んでいる学習者は、日本人と直接話す機会がほとんどないため、日本に来てから、この「あいまい表現」の使い方や意味のとらえ方の違いにとても戸惑う。

(4) 敬語について

最後に「敬語」だ。日本語には、たくさんの敬語が使われている。敬語の中には、尊敬語と謙譲語があり、この違いを正しく理解し、使い分けることに日本語学習者はとても苦労する。私も外国語として、韓国語を学んでいるが、韓国では１歳でも年齢が上の人には敬語を使い、年齢差のある「友達関係」というのは難しく、年上の人には必ず敬語を使わなければ失礼にあたる。

日本で２年間、韓国語を学んでいる間に教科書では多くの敬語を学んだが、使う機会もなく、使う相手もおらず、全く習得ができなかった。

実際に、敬語を使えるようになるまでには現地に留学してから3年以上、日本で学んでいた時間を合わせると5年以上時間がかかった。それも、自ら敬語を使う状況に自分を置き、やっと習得することができたのだ。これと同様に、日本語学習者が日本語の敬語を習得するまでには、本当に長い時間がかかる。自国で学んでいる学習者は、日本語を日常生活の中で使う機会がほとんどないため、教科書では学んでいるが、実際に使えるようになるまでにはとても時間がかかる。しかし、日本へ働くために来た外国人看護師、介護福祉士にとって、日本社会ですぐに敬語を使わなければならない。

教科書で学んだ敬語を、どう職場の人に使ったらいいか。どのような言葉を言ったら、失礼になるのか。間違えたらどうしよう。などということに、神経をたくさん使う。さらには失礼なことを言ってはいけないと言葉を発しなくなってしまう場合もある。敬語は候補者たちにとって、とてもハードルの高い言葉なのである。

このように外国人が日本語を学ぶということは多くの難しさを乗り越えなければならない。世界の言語の中で、学ぶのが難しい言語の上位に入っている日本語。私たち日本人も、学習者の立場になってそれを理解する必要がある。

4 日本語能力試験 JLPT

(1) N1からN5の5段階

日本語学習者の日本語能力を証明するものの中に、独立行政法人国際交流基金と公益財団法人日本国際教育支援協会の2団体が共催で実施している日本語能力試験 JLPT（以下 JLPT）がある。認定レベルは、N1 から N5 の５段階に分かれている。N1 が最も高いレベルとされ、その次に N2、N3、N4、N5 となっている。

JLPT は日本語学習者の進学や就職、またビザ取得など様々な進路に必要であり、EPA（経済連携協定）に基づく、看護師・介護福祉士の候補者選定の条件のひとつや技能実習「介護」の固有条件にもなっている。

(2) N3、N4 レベルとは

では、EPA（経済連携協定）に基づくベトナム人看護師・介護福祉士候補者の日本語能力の条件である N3、技能実習「介護」における固有要件となっている N4 の認定のレベルを見てみよう。

試験は各レベルの認定の目安を、「読む」と「聞く」という言語行動で表している。そしてそれぞれの言語行動を実現するための文字・語彙・文法などの言語知識も必要である。N3、N4 共に試験項目は言語知識（文字・語彙）、言語知識（文法・読解）、聴解である。

以下 JLPT 公式サイトから　https://www.jlpt.jp/

※ N3 合格認定の基準「日常的な場面で使われる日本語をある程度理解することができる」

「読む」：日常的な話題について書かれた具体的な内容を表す文章を、読んで理解することができる。新聞の見出しなどから情報の概要をつかむことができる。日常的な場面で目にする難易度がやや高い文章は、言い換え表現が与えられれば、要旨を理解することができる。

「聞く」：日常的な場面で、やや自然に近いスピードのまとまりのある会話を聞いて、話の具体的な内容を登場人物の関係などとあわせてほぼ理解できる。

※ N4 合格認定の基準：「基本的な日本語を理解することができる」
「読む」：基本的な語彙や漢字を使って書かれた日常生活の中でも身近な話題の文章を、読んで理解することができる。
「聞く」：日常的な場面で、ややゆっくりと話される会話であれば、内容がほぼ理解できる。

以上の内容を認定の目安とし評価がされる。N3、N4 の認定の目安を見てわかるように、「日常的な場面で」や「日常的な」という言葉が使われている。では「日常的」とはどのような場面だろうか。

友人と話す、買い物する、レストランで注文する、人になにかを尋ねる、お願いする、断る、誘う、おしらせを読むなどが「日常的」という項目に入るだろう。

専門的で複雑な内容は出題されず、試験はマークシート式の４択、そして口頭試験はない。したがって看護や介護の現場で重要と言われる「コミュニケーション」のレベルは JLPT の合格認定で判断するのは難しいと言える。

そのため、日本人職員と外国人職員の間で「N3 に合格しているのにどうして話せないのか」「なぜこちらの言っていることがわからないのか」などという葛藤や誤解が生まれてしまいがちである。

しかし、言語の試験というのはこのようなものが多く、コミュニケーション能力というのは紙の試験で計ることは難しい。コミュニケーション能力は実際の場面で練習しないかぎり、なかなか習得まではいかない。

それともうひとつ、対象学習者の「読む、聞く、書く、話す」の全ての技能がバランス良く JLPT の合格レベルに達しているわけではないということも知っておかなければならない。言語というのは技能能力に差がでるものであり、読むのが得意な学習者、書くのが得意な学習者と様々である。

しかし、JLPT がコミュニケーション能力を計る上で参考にならないわけではない。高いレベルに合格していればしているほど、試験勉強で多くの語彙や文法を学んでいる。学んできたことというのはコミュニケーションでも必ず役に立つ。試験勉強を積み重ねてきたというその努力を認め、コミュニケーションはお互いに歩み寄り、理解し合い、時間をかけて積み重ねていくことが必要とされる。

5 職場でのコミュニケーション

既述のように JLPT の成績と、コミュニケーション能力は残念ながら比例しないことがある。日本語力を証明するためのひとつの提出資料ではあるが、JLPT だけではコミュニケーション能力までは計ることができない。では、外国人職員とのコミュニケーションをどうしたらいいか。

(1) 外国人職員とのコミュニケーション

外国人職員とのコミュニケーションをどうしたらいいか悩む職場の方も多いと思う。特に、大切な申し送りや業務の引継ぎ、仕事の指示など、相手が正確に聞き取っているか、しっかり理解できているかとても心配になることがあるだろう。

出した指示と全く違うことをしていたり、提出物を締め切りより遅れて出したり、仕事の時間を間違えて遅刻してきてしまったりなど「さっき言ったのに」「この前話したのに」「注意したのにまた……」などと「～のになんで？」という気持ちが生まれ、日本人職員と外国人職員との間に溝ができてしまう。

指示を出した側に、「～のになんで？」という気持ちが生まれてしまうことも理解できる。しかし、「さっき言った」「この前話した」「前に注意した」という日本人側の意見とは反対に外国人職員のほうは「できない」「わかっていない」のではなく、もしかしたら「ただ聞き取れなかっただけ」ということが多いのではないかと私は考える。

では、その誤解や溝を解決するためにはどうしたらいいだろうか。私たち日本人側にも、対策と努力と理解が必要だ。

(2) やさしい日本語

日本人職員側の対策と努力と理解とはどんなことだろうか。まず、「やさしい日本語」を紹介する。

「やさしい日本語」は、1995年、阪神・淡路大震災が発生したときに日本国内に住む外国人が多様化し、緊急情報の対応が主要国言語（英語、中国語など）のみでは不十分だということがわかり、弘前大学人文社会言語学研究室の佐藤和之教授が外国人が理解しやすい「やさしい日本語」という表現を導入すれば、緊急時の減災に役に立つのではという考えのもと研究活動が進められた。

「やさしい日本語」とは難しいが、非常に大切な情報を外国人に易しい日本語で、優しい気持ちで伝えることという観点から研究が始まった。佐藤和之教授の「やさしい日本語」は様々な場面で活用されるようになり、最近では外国人のためだけでなく、子供、高齢者、障害を持つ人たちなど様々な人たちにわかりやすい伝達手段としても使われている。

では、「やさしい日本語」とはどんなものだろうか。「やさしい日本語」のコツを見てみよう。

(3) やさしい日本語のコツ

（https://www.yokeweb.com/yasashiinihongo 公益財団法人横浜市国際交流協会から）

① **複文を短文にする「ひとつの文に述語はひとつ」**

複文とはひとつの文の中に、述語がふたつ以上ある文のことを言う。例えば、「体温計を持ってきて、熱を測ってください」という発話があったとしよう。

日本語が母語である私たちは短い文だと思うだろう。しかし、この文も述語がいくつか入っている。「持ってくる」と「測る」だ。これをやさしい日本語に変えると、「体温計を持ってきます」、それから「熱を測ってください」という風になる。さらに、「持ってきます」に動詞がふたつ入っているので、これも分けるとよりいい。

「体温計を持ちます」「きます」それから「熱を測ってください」となり、後文の「測ってください」にも、「〜てください」という文法が入っているので、「〜てください」が難しい場合はこの部分も「体温計を持ちます」「きます」それから「熱を測ります」というように文の最後を「です、ます」に変えて話すとよりやさしい日本語になる。「ひとつの文に述語はひとつ」これが複文を短文にするということだ。

② **漢語、カタカナ語を和語に変える**

外国人職員と会話をするとき、なるべく和語を使って話すようにすることもコミュニケーションを円滑にとる方法の一つだ。漢語というのは、主に音読みで作られる熟語のことで（例外あり）、カタカナ語は主に外国語をカタカナにした外来語、和製英語そして最近ではインターネット等で新しく作り出された言葉もカタカナで表されているものがある。

例えば、「この資料を木曜日までに提出してください」という発話があったとする。「提出」という言葉が漢語だ。学習者の頭の中には「ていしゅつ…ていしゅつ…？？？」とクエスチョンマークが浮かぶであろう。この場合、「提出」の部分を和語にし、「出してください」に変える。「この資料を木曜日までに出してください」、これだけでやさしい日本語に変わる。

③　**実際にやってみよう！**

では、既述の①と②のコツを使って次の発話を「やさしい日本語」に直してみよう。

「ここにハンコを押して、木曜日までに提出してください」

まず、複文を短文に変える。短文は、「ひとつの文に述語はひとつ」だ。述語が「押します」と、「提出します」のふたつが使われているので、述語をひとつずつ使うふたつの文に分ける。

「ここにハンコを押します」「木曜日までに提出してください」これでまず一段階目の「ひとつの文に述語はひとつ」が完了した。その次に、「提出」を「出す」という和語に変える。「ここにハンコを押します」「木曜日までに出してください」これで二段階目が完了だ。

これに、もう少し加えてみよう。「～てください」という文法が難しければ、「木曜日までに出します。」と言い換えるのもいい。そして、「木曜日までに」の「までに」の部分も、複雑であれば、「ここにハンコを押します」「出してください」「木曜日までです」というように、文をみっつに分けることも可能だ。

上記のコツ以外に話す時はゆっくりわかりやすい言葉で話す。相手の話をゆっくり聞く。友達に話すときのような話し方ではなく、丁寧語「です・ます」で話すなどの工夫もある。ここまでしないと伝わらないのかという考え方をせず、「やさしい日本語」を練習し、ぜひ実践してみてほしい。お互いを思いやり理解し合おうという気持ちが「やさしい日本語」には込められているため、コミュニケーションが円滑にとれるようになる第一歩になるだろう。

(4)「わかりましたか」はNG

指示を出した時、指示を出した側は相手がその指示を理解したかどうかを確認したい。その時、つい「わかりましたか」という言葉を使ってしまいがちだ。

なぜなら、指示を出したほうはすぐに相手に理解してもらいたいし、自分の思いや気持ちを、瞬時にわかってほしいという本能が働くためだ。

しかし、「わかりましたか」は、使うときにとても気をつけなければならない。なぜなら、相手を知らないうちに追いつめている言葉だからだ。「わかりましたか」と、聞かれると人はわかっていなくても本能的に「はい、わかりました」とつい言ってしまう。職場では、もういちど聞き返すということが、なかなかできない場合も多い。理解できなかったが、もういちど聞き返すのは失礼だろうか。もう一度聞き返したらいつまでも仕事がわからない人だと思われてしまわないか。日本語がいつまでもできない人だと思われないか。など、という負の心理が働き、「わかりましたか」と言われると理解ができていなくても「はい、わかりました。」と言ってしまい、あとで同じ国の職員同士で確認し合うが、みんなも理解していなかったということがある。では、自分が出した指示について、「わかりましたか」を使わずに相手がわかっているかどうか確認したいとき、どうしたらいいだろうか。それは相手に確認したいことを質問し、「繰り返し確認」をすることがとても効果的だ。

例として、日本人介護士の田中さんが、外国人介護士のハンさんに仕事の指示を出す会話を見てみよう。

田中：ハンさん、11時に203号室の山田さんの入浴介助に入ってもらっていいですか。

ハン：あ、はい…。わかりました。

田中：何時ですか。

ハン：11時です。

田中：そうですね。なにをしますか。

ハン：山田さんの入浴介助です。

田中：はい、そうです。何号室の山田さんですか。

ハン：203です。

田中：はい、いいですね。よろしくお願いします。

簡単な例ではあるが、繰り返し確認とはこのような感じである。忙しい日々の仕事の中で、大変だとは思うが、このひとつの「繰り返し確認」が後の仕事を円滑に進め、ミスを防ぐことになる。そして、お互いにわだかまりなく仕事を進めることができる。

やさしい日本語で、指示を出した場合も同じである。必ず、「繰り返し確認」をすること。これが大きな作業効率のよさにつながり、ミスや誤解を防ぐことにもなる。

6 相手が話し始める「間」を与える

外国人職員とのコミュニケーションの中で、伝えたことに対しての反応がなく、つい自分ばかりどんどん話してしまったことはないだろか。

反応がないので、わかっていないのかと思い、何度もなんども同じことを繰り返し言ってしまったり、つい口調が強くなってしまったり、先ほどお話した「わかりましたか」を繰り返し言ってしまったり……。

このようなことは職場だけではなく、留学生などの日本語学習者とのコミュニケーションの中でもとてもよくあることだ。こうなる要因は、まず、学習者が学習している言語での「あいづち」の使い方がわからないこと。そしてそれに伴い、話してくれたことに対して考えをまとめ、日本語で自分の話をし始めることに時間がかかることにある。

特に、日本語は「あいづち」がとても多い言語である。様々な種類のあいづちを私たちは使っている。その中には、友達には使うが、年上の人に使うと失礼なものもあり、その反対に友達につかうと他人行儀になってしまうものもある。友達同士での会話でもあいづちがないと、こちらの話を聞いてくれていないという印象になる。

しかし、このあいづちは日本語学習者にとってとても難しい。話した側の話をわかっていないのではなく、わかってはいるが、あいづちやリアクションを日本人のようにどうやってとって会話を進めていけばいいのかがわからず、頭の中で考えているため時間がかかってしまう。

そして、あいづちだけではなく、言われたことをまず頭の中で、一生懸命日本語で整理し、それに対しての答えを日本語でどう言ったらいいか、考えながら話すため、少し時間がかかっているだけである。

このような場合は、即時に反応がなくても相手に話し始める時間を与えてあげることが大切だ。話し始める時間を与えることで会話に間ができてしまい、わかっているのかわかっていないのか、イライラしてしまうかもしれないが、時間を与えることで話は途切れてはいない。どんなに忙しく、急な時でも相手が安心して発話ができる間とふんいきをぜひ作ってあげてほしい。

自分がひとつ話したら、相手の発話をひとつ待つ。この「待つ」という「間」が相手には必要であり、次に自分が話していいんだと思える「安心の間」になり、心を開いていろいろなことを話してくれるようになる。

7 少しのコツで！

日本語ができない、通じないからといって、全てのことができないわけではない。みな立派な大人であり、才能のある素晴らしい人たちだ。そして、外国語習得というのは本当に時間がかかるものであり、言葉だけでなく、その国の社会や文化、習慣等も理解してはじめて習得への道へ進んでいく。そして、学習しているからと言って、習得しているとも限らない。外国語の学習と習得は別のものである。

このような中、日本で看護師、介護福祉士を目指し日本語を勉強してくれている人材、そして実際に来日し、毎日一生懸命仕事に励んでくれている人材は本当に貴重な存在である。このような素晴らしい人材が、職場でのコミュニケーションで苦労している話を聞くと日本語教師として本当に胸が痛む。

外国人職員とのコミュニケーションは少しの工夫、少しのコツで円滑にとれるようになる。そして、コミュニケーションが円滑にとれるようになると、お互いの気持ちが明るくなり、気持ちよく笑顔で働き、仕事の生産性も上がる。

この職場に来てよかったと思ってもらえるよう、そして定着してもらえるようコミュニケーションの部分での少しの努力と理解をお願いすると共に、本章が日本人職員と外国人職員とのコミュニケーションの少しのお手伝いになればと思う。

参考文献

公益財団法人日本国際教育支援協会　http://www.jees.or.jp/

公益財団法人横浜市国際交流協会　https://www.yokeweb.com/yasashiinihongo

公益社団法人国際厚生事業団 JICWELS　https://jicwels.or.jp/

厚生労働省 社会・援護局　技能実習「介護」における固有要件について

国際交流基金 2018 年度「海外日本語教育機関調査」結果報告書『海外の日本語教育の現状 2018 年度日本語教育機関調査より』 https://www.jpf.go.jp/j/project/japanese/survey/result/dl/survey2018/all.pdf

独立行政法人国立国語研究所「ことばビデオ」シリーズ４解説書 暮らしの中の「あいまいな表現」（平成 17 年３月）

日本語能力試験 JLPT　https://www.jlpt.jp/

弘前大学人文社会言語学研究室（現在 HP は閉鎖）

やさしい日本語ツーリズム研究会　https://yasashii-nihongo-tourism.jp/

生活者としての外国人介護士

1 在留外国人の動態

(1) 外国人の増加

日本の「出入国管理及び難民認定法」では、日本国籍を有しないもの、「国籍法」では、日本国民でない者を「外国人」と定義している。以下に日本の外国人の状況を確認していく。[1)] 2020年3月に法務省から発表されている在留外国人数は、293万3,137人で前年末に比べ20万2,044人（7.4%）の増加となり、過去最高だった。日本の総人口の2.00%を超えている計算となる。

日本に外国人が増加した1つの理由は、1980年代に国費留学生を増員させる政府の方針によるものであり、それに伴い私費の留学生も増加したことである。その外国人留学生が大学卒業後にも、在留資格の「技術・人文知識・国際業務」によって、日本の企業に就職している。これは、グローバル戦略として海外からの優秀な人材確保を目指した政府の政策による。2つ目は、日系人の積極的受け入れや技能実習制度や単純労働における外国人雇用が解禁となり在留資格「特定技能」の労働者の増加によるものである。技能実習は、帰国後の母国の経済発展のために技術、知識を役立ててもらう目的を掲げつつ、実際は、労働力として期待する制度である。3つ目は、増加傾向が継続しているわけではないが留学生や労働者が在留することにともなって、政策や制度と関係せず、日本人と結婚することで日本にとどまる方々の自然増である。この場合は、在留資格の「配偶者」となり、永住している。こうしたことが日本における外国人の増加理由としてあげられる。

(2) 在留外国人の資格別内訳

次に在留外国人の内訳を「出入国管理及び難民認定法」に規定されている在留資格別に確認すると「永住者」が79万3,164人（対前年末比２万1,596人（2.8%）増）と最も多く、次いで、先にふれた開発途上地域等への人材育成の寄与を目指す国際協力の推進を目的に1993年に制度化された「技能実習」によるものが41万971人（同８万2,612人(25.2%）増)、そして、「留学」が34万5,791人（同8,791人2.6%）減）である。技能実習生の25.2%は、前回調査から比較すると12.0%増と増加比率も倍近くとなり、目覚ましい増加数であることがわかる。増加傾向であるものの、この制度は、途上国支援を目的にしているにもかかわらず、かかる費用を個人負担させているために多額の借金を背負って来日していることから起こる弊害など、技能実習制度が抱える問題は、国会でも議論され、技能実習生への賃金未払い、長時間労働の雇用者の問題やそこに伴う失踪等々とマスコミにもこれまで大きく取り上げられている。

次に在留外国人数が最も多い都市は、東京都で59万3,458人（対前年末比２万5,669人（4.5%）増)、次いで愛知県が28万1,153人である。全国での比率は、東京都が20.2%を占め、２番目に多い愛知県が9.6%となっている。東京都に偏るのは、日本人が仕事の都合で都市部に集中して暮らす理由と変わらないであろう。しかし、その他にも外国人の場合は、特に多様な人々が暮らす都市部の方が偏見や差別を受けにくく、地方よりも希薄な関係で生きられることに魅力がある。その流れから同じ言語や習慣をもつ外国人同士でコミュニティをつくることで暮らしやすさが生まれる。同国籍者が集まり、それぞれのコミュニティを形成していき、集まることでその地域内で存在感をもち、居場所が確立され、生活のしやすさが深まっていく。外国人コミュニティの規模の違いはあるもののそうした同国籍のコミュニティは、様々な地域で確立されている。

(3) 在留外国人の国籍

次に在留外国人の国籍が多い順にあげると1位が中国813,675人、2位、韓国446,364人、3位、ベトナム人411,968人、以下フィリピン282,798人、ブラジル211,677人、インドネシア66,860人である。この中でベトナム人は、対前年末比24.5%増、インドネシアは、18.7%増となり、急増している。特にベトナム人の増加が顕著であることがわかる。現在、このような日本における在留外国人の状況がある。

2 外国人労働者の状況

(1) 外国人労働者の増加理由

在留外国人の動態からさらに外国人労働者に目を向けていきたい。厚生労働省が2020年1月に発表した外国人労働者数によると総数は、1,658,804人であり、前年同期比で198,341人増で13.6%の増加があり、過去最高人数となっている。[2)]

厚生労働省は、外国人労働者数が増加した理由を　1）政府が推進している高度外国人材や留学生の受入が進んでいること　2）雇用情勢の改善が着実に進み、「永住者」や「日本人の配偶者」等の身分に基づく在留資格の方々の就労が進んでいること　3）技能実習制度の活用により技能実習生の受入れが進んでいることの3点をあげている。これまでの政府の政策誘導と共に世界のグローバル化の流れのなかで日本で働く外国人が増えていることがわかる。

(2) 外国人労働者の国籍

また、外国人労働者を雇用する事業所数は242,608か所で、前年同期比26,260か所、12.1％の増加（2007年度に届出が義務化されて以降、過去最高を更新）となっている。外国人を雇い入れる事業者が珍しい状況ではなくなってきている。国籍別では、中国が最も多く418,327人（外国人労働者数全体の25.2％）、次いでベトナム401,326人（同24.2％）、フィリピン179,685人（同10.8％）の順となっている。対前年比の増加率をみるとベトナム（26.7％）、インドネシア（23.4％）、ネパール12.5％）の３か国が高くなっている。

(3) 外国人労働者の在留資格別内訳

在留資格別では、「専門的・技術的分野の在留資格」の労働者数が329,034人で、前年同期比52,264人で18.9％の増加である。また、永住者や日本人の配偶者など「身分に基づく在留資格」の労働者数は531,781人で、前年同期比36,113人で7.3％増加となっている。

次に外国人労働者の産業別の高いところから順に割合をみると、「製造業」が20.4％、「卸売業、小売業」が17.4％、「宿泊業、飲食サービス業」が14.2％となっている。各産業の占める割合を見ると、「製造業」は前年同期比で1.0％減少し、「宿泊業、飲食サービス業」も同0.3％減少している。一方で、「卸売業、小売業」は前年同期比で0.4％増加、「建設業」は同1.3％増加となっている。このうち医療・福祉業は、4.8％と全体の産業種別の比率からみると高い割合いではないことがわかる。全体の外国人労働者数の658,804人のうち、医療・福祉業で働く人は、34,261人で全体の2.1％である。前年度26,086人で全体の1.8％と比べると増加している。

次に外国人労働者のうち、外国人介護士の状況について概観していく。

3 外国人介護士の状況

(1) 外国人介護士の在留制度

日本で介護士として働く制度は、第1章に詳しく述べられているように4つの制度と日本人の配偶者で在留して仕事をするか、1990年の入管法改正により日系2世として働くか、その配偶者や子どもとして定住して仕事をする方策がある。

確認していくと一番はじめに制度化されたのが2008年からの経済連携協定としてのEPA事業、2017年からの技能実習制度と在留資格としての認められるようになった「介護」、2019年に開始された特定技能(14種類の職種のうちの1つが「介護」)の制度である。こうした制度のもとで日本においてすでに介護士が実際に業務を行い活躍し続けている。先に述べたように全国の外国人労働者数のうち、「医療・福祉業」で働く外国人労働者の比率は、2.1%であり、増加傾向にある「建設と製造業」の2業種を合わせると40%を超し、こうした業種との人数の差は大きい。

先に技能実習生の入国が増えたことにふれたが2019年から制度化された技能実習生は、それ以前の制度であるEPA制度の入国者数をすでに超えている。あとで記すようにEPE事業の受け入れ人数の上限があること等から考えても当面、技能実習生の数が増加していくことは明白であろう。

(2) 外国人介護士の入国時の状況

さらに外国人介護士の状況を進めてみる。経済連携強化、国際連携強化を目的とするEPA事業は、2008年にインドネシア、2009年にフィリピン、2014年からそれぞれ介護福祉士候補者を受け入れている。３か国とも１年間で300人までと介護福祉士候補生の受け入れ人数には上限がある。この制度は母国において、看護系の学校を卒業しているか介護士の認定を受けた者が学習する要件となっている。日本語能力は入国時、インドネシア、フィリピンは、N5、ベトナムは、N3が日本語検定の目安である。入国時の日本語力の高さの影響か、ベトナム人の介護福祉士試験の合格率は、飛びぬけて高い。2017年度、インドネシア43%、フィリピン39%の合格率であったがベトナムは、94%の合格率を誇っている。ちなみに例年のベトナム人介護福祉士候補者の合格率は、2018年度に88%、2019年度は92%と高い水準を保っている。介護福祉士資格を目指し、資格取得後は、永続的に日本で就労が可能である条件は、各国ともに変わりはない。なお、この制度の家族の帯同は認められてはいない。したがって、EPA制度において日本で仕事をしている外国人介護士は、母国での結婚を理由に帰国することが現実にある。

(3) 外国人介護士の家族の帯同

先にふれた家族の帯同は、技能実習生も特定技能１号も制度上、認められていない。制度上、家族の帯同が認められている特定技能２号は、まず、５年間を特定技能１号として、単身で日本に来日して働く必要がある。実際には、技能実習で３年間実習経験があれば無試験で特定技能１号に移行できるが、制度上、家族の帯同が認められるまでに最低、８年程度は有することになる。第９章にもふれているが多くの在留外国人労働者の出身国であるアジアの国々は、日本よりも初婚の平均年齢が低く、結婚適齢期を延ばすことに日本人よりも深刻にとらえている向きもある。日本で働く外国人労働者が単身であれば問題にならなかった住居、学校教育や社会保障の問題がすぐに課題となって浮上する。日本人の場合は、当然のコストとして考えられているが外国人のそれには二の足を踏んでいる日本の姿勢が制度設計からみえてくる。第１章にも詳しく書かれているが少子高齢化が進み、生産年齢人口も減少している日本の労働力、介護のマンパワー不足は、深刻である。こうした問題が生まれた日本の人口減の要因のひとつは、晩婚化、少子化が指摘され続けている。外国人労働者の家族の帯同を認めなければ、アジアの国々の晩婚化や少子化の傾向に影響を与える要因のひとつになることを危惧する。先を考えれば各母国の人口問題にも発展していく可能性さえあるかもしれない。家族の帯同は、外国人労働者の個人的問題ではなく、日本が制度として見直し、自国の利益だけを考えて進めてよいわけではないであろう。グローバル化した労働者のあり方を考えるときに相手国の将来性について思いをはせなければ、グローバル化する世界の中で日本が生き残れないという視点が必要であろう。

4 外国人介護士の受け入れ整備政策

(1) 外国介護士の人材確保方針

日本の介護需要の拡大と生産人口年齢の減少に伴う介護のマンパワー確保は、外国人介護士頼みだけで完全に乗り切れると考えられていないがその大きな一端を担っている方策に間違いはない。この人材確保のために厚生労働省は、以下のような方針をかかげている。[3)]　１）介護職員の処遇改善　２）多様な人材確保・育成　３）離職防止・定着促進、生産性の向上　４）介護職の魅力向上　５）外国人材の受入れ環境の整備を示している。ここでは、上記の５番目について考えてみる。これまでは、介護福祉士を目指す留学生等の支援（介護福祉士修学資金の貸付推進、日常生活面での相談支援等）を実施してきている。さらに講じる策について、「特定技能」等外国人介護人材の受入環境整備（介護技能向上のための集合研修、介護の日本語学習支援、介護業務等の相談支援・巡回訪問の実施等）を上げている。このように深刻なマンパワー不足において、日本は、外国人介護士を「専門的・技術的分野」以外での確保を考え、在留資格の「介護」や技能実習制度に「介護」を追加し、特定技能においても介護分野に外国人の援護を期待している。今後は、参入国を増やすことや長期的に就労の継続を期待したいところである。

(2) 外国人介護士人材に対する受入環境整備

厚生労働省は、「外国人介護人材受入環境整備事業」の拡充として、2020 年度予算要求項目に含め、外国人介護人材入国前における以下の２）を新規事業として進めている。その内容は、以下の通りである。[4)]
１）介護分野における特定技能１号外国人の送出しを行う国において、介護の技能水準を評価するための試験等を実施【拡充】　２）地方の特定技能外国人の受入れを促進するための取組や海外への情報発信の取組を実施【新規要求】　３）介護技能の向上のための研修等の実施に対する支援【拡充】　４）介護の日本語学習を自律的に行うための環境整備の推進に対する支援　５）介護業務の悩み等に関する相談支援等を実施、上記５点がその内容である。このうちの　２）は、「外国人介護人材受入促進事業」としてかかげ、「海外から外国人介護人材の受入れ促進を図るための取組」として、PR を目的として、民間団体によって実施を予定している。

(3) 外国人介護士への支援サービス

ここで、外国人介護士に直接的な支援サービスについてみておきたい。支援サービスにおいて、受け入れ施設にむけて以下のような経費を補助している。例えば、「外国人介護職員とのコミュニケーションを促進する取組」として、来日後の雇用予定先とのオンラインによる通話を行うために必要な経費や介護業務マニュアルの翻訳に必要な経費、多言語翻訳機の購入費などコミュニケーションの促進に必要と考える経費の補助を行っていく。次に「外国人介護職員の介護福祉士の資格取得に必要な取組」として、教材の購入、外部講習等の経費の補助、「孤立防止やホームシック等メンタルケアに必要な経費」として、交流を促進するための交流会開催等に必要な取組や外国人介護職員の生活支援に必要な取組の経費の補助、さらに「介護福祉士養成施設等に在籍する留学生への教育の質の向上に必要な取組」として、介護福祉士試験対策教材の作成に必要な経費、指導方法等に関する教育の手引きの作成に必要な経費等が補助される。

上述のように政府が補助金政策として、外国人介護士の支援を始めている。ここで、当然、補助金は税金をあてるがその出資者である一般の人々の意識調査の結果をみてみたい。

(4) 外国人労働者の受入れに関する意識

「外国人労働者の受入れに関する意識調査」は2018年9月25日～9月26日の2日間でインターネットリサーチにより実施し、全国の20歳～69歳の働く男女1,000名の有効サンプルが集計されたものである。[5)] 外国人労働者受入れの環境整備で重要なこととして、「受け入れる企業の体制整備」46%、「日本人の意識の醸成」45%、「外国人労働者に必要な日本語能力（日常会話レベル以上）」が68%となっている。整備政策に関係する外国人労働者受入れの費用負担については、「受け入れたい業界で負担」をするのが肯定派は65%である一方、「税金で負担」は否定派が多数という結果になっている。多くの人は、税金ではなく、受け入れ事業所等で負担することを支持している。

次に外国人労働者が増えることについては、「よいことだと思う」が55%、「よくないことだと思う」が22%と若い20代では肯定派が66%、40代では肯定派は47%である。それがよいことだと考える理由は、「人手不足を補うためには必要であるから」が最も多く63.9%、次いで、「外国人労働者が増えて多様な考えに触れると、新しいアイディアなどが生まれるから」が40.4%、「外国人労働者、日本人労働者と区別すること自体がおかしいから」の回答が39.7%となっている。他業種と比べて、「医療、福祉分野」への受け入れがよいことだと考える理由は、「人手不足を補うためには必要であるから」が76.5%と他の業種に比べて高い結果となっている。こうした結果から医療、福祉分野のマンパワー不足も含む人材不足は、一般にも知られているところであることがわかる。しかし、受入れの費用負担については、「受け入れたい業界で負担」をすることを肯定するのが65%という結果を改めて確認すると雇用先の福祉施設からすると厳しい結果があることも認識しておくべきである。

受入れ環境整備のために政府も補助金給付を行い、支援策も提示してきている。次に実際の現場における受け入れ等の実態をみていきたい。

5　全国の調査からみた外国人介護士の受け入れの実態

(1) EPA介護福祉士候補生の受け入れ施設の状況

2010年の調査であるがインドネシア、フィリピンの1、2陣のEPA介護福祉士候補生の受け入れ施設の職員に対するインタビュー調査をした塚田による調査結果を確認したい。[6] それによると、「介護福祉士候補生の受け入れ前は、宗教や生活習慣、日本語やコミュニケーション能力、生活習慣等に関する心配事はありましたが結果的にはそれほど問題がおこらなかった」等の回答が出ている。そして、「受け入れ後に予期しておらず驚いたこと」に関して、先の質問の回答にあった、「さほど問題ではなかった」とあるものの一方では、「ごみ出しの習慣や近所からの苦情からみえてくる騒音の問題、母国への仕送り過多の問題、医療機関への受診の考え方や仕方、有給休暇の取得の仕方、『はい』と返事をするが実施には理解できていないこと」などの問題点が報告されている。

また、EPA 介護福祉士候補生の「良い点」もインタビュー調査の中で語られている。「探求心、自立心旺盛なために手がかからないと自立的である点」を評価している。さらに「行動範囲が広く何事にも積極的である点や仕事の習得が早く、勘が鋭いという点」の評価がある。

(2) EPA 介護福祉士候補生の受け入れ施設のメリット

さらにその他の EPA 介護福祉士候補生の受け入れ施設においての評価も「日本人介護士が正しい日本語、正しい言葉を使うようになったこと」や「わかりやすい業務手順の説明や示し方ができるようになり、新人教育にも活用することができたことにつながり、業務の質の向上に役立っている」などの当初の考えになかった予想外の効果だったことを報告している。[7] また、他の EPA に基づく、インドネシア人第 8 陣～第 10 陣／フィリピン人第 7 陣～第 9 陣／ベトナム人第 2 陣～第 4 陣の介護福祉士候補者の受入施設を対象とした調査の結果をみてみる。[8] 受入れ施設の 870 か所のうち 14.6％の回答率の調査において回答施設の 88.6％が総合的にみて受け入れたことに「満足かどちらかと言えば満足」

と評価している。そうした上で今後の受け入れについての施設側の考えの一例は、「EPA 候補者を受け入れることで、施設の業務全体を見直し改善していくことに繋がっている。受け入れる側として、技能実習生と混在ということになると、教育指導の流れ、レベルに不安はある」、「今のところ、EPA 介護福祉士候補者の受け入れを続けて行く予定。H21年度からの受け入れ実績があり、現地訪問も行い、国際厚生事業団の支援体制と合わせ、安定した準備・教育体制があるため」、「今後も EPA 候補者を受け入れていく予定です。基礎的な日本語教育をされており、ご入居者、ご家族からの評判も良いです。また、礼儀正しく、日本人職員にも良い影響がみられました」、「EPA 介護福祉士候補者を受け入れていきたい。ただ単に就労する、国家試験に合格する、だけではなく、福祉の考え方など施設業務以外での専門性を習得し、日本で引き続き就労してもフィリピンに帰国しても、介護福祉士として活躍できる人になってほしいと考えます」と高評価を得ていることがわかる。

(3) EPA 介護福祉士候補者の希望

また、EPA の期間を終えた後の介護福祉士候補生自身の希望に対しては、「日本の介護施設で働いていきたい」が 43.4%、「日本の病院で看護師として働くことが夢である」22.5%、「母国に戻り、看護師として働きたい」が 16.2%であった。期間終了後も 65.9%が日本に残りたいと希望している。その介護福祉士候補者の自由記述では、「日本の施設で働きたいです。介護福祉士を続けたいですが、国家試験に合格かどうか分からないです。今のところまで勉強しています。本当に国家試験が難しいです。私は今３年目ですけど、ユニットの仕事の事は経験がなかった。（遅番と夜勤が分からなかった）国家試験の問題をやる時に、よく間違っていました。今はすごく心配です」、「新しい EPA の人達にマッチングする前、それぞれの施設や病院の仕事の流れを明確にしてほしい。施設や病院は、おいのりの時間の有無の説明が必要」、「国家試験合格したら、ずっと日本で生活したいけど、妻はインドネシアで生活したいと言われて、前の約束していた妻は変わってしまいました。私は日本の事が好きだけど家族は一番大切です」、「もし国家試験に合格したあとでできることがあれば、配偶者を呼びたいが、配偶者が合う仕事があるかどうか困っています。だから、どうすればいいですか。配偶者のため仕事を探すのは、JICWELSからとか政府から何かサポートがあるといいです」などの回答がある。仕事が軌道にのっている介護福祉士候補生が記入していると思われ、多くの者の回答は深刻な課題を抱えている記述というよりも前向きに仕事に取組み、それぞれの苦労はありつつも先のことも考えながら仕事に従事している姿がみえてくる。

これらは、EPA介護士に特化したものであるが技能実習生になるとその制度等が異なることから調査をした場合の結果も異なってくることが考えられる。

6 外国人介護士の定着に向けて

(1) 外国人介護士の職場定着を目指す

政府の外国人労働者のための受け入れ政策や外国人介護士を受け入れる施設では、独自にそのための工夫をこらし、働きやすい職場づくりを行っている。日本語教育の時間の確保や専門用語、介護技術の教授に対する工夫、住居探し、買い物、医療機関の同行などの日常生活支援等幅広く行われている。そうしたことは、介護分野で働く外国人だけではなく、あらゆる外国人労働者にも必要な支援であろう。こうした支援によって働きやすい職場となり、外国人労働者の安心を生むことになる。

外国人介護士の受け入れが進めば、次の課題は職場定着を進めることである。日本の介護現場の深刻なマンパワー不足を補う観点から外国人介護士の定着を望みたい本音もあるがそれだけではなく、次に来日を予定している外国人介護士のためにも先輩の外国人介護士が継続して居続け、外国人介護士に対する支援者の一人として加わってくれる仕組みが欲しい。こうした循環ができれば、外国人介護士が他国で働く夢を叶えることが近道になると考えられる。さらに実際に介護技術やチームアプローチの方法、施設運営等幅広く技術の移転が母国へ可能となる。こうしたことを目指す際に外国人介護士が途切れることなく、働き続けてもらえることが大切である。職場に外国人介護士の先輩が存在するかどうかは、来日の際の施設選びの指針にもなるし、大きな安心材料となるのである。こうしたことからも外国人介護士への支援の充実を望みたい。

(2) 外国人介護士に対する支援のあり方

まずここで外国人介護士の職場定着のための支援のあり方を３点提案しておきたい。

１つ目は、労働の目標を定められるように支援することである。母国への送金を目指す目的はもちろんあるかもしれないが、日々の介護労働を支える目標をもてるように支援することが必要である。介護は、体力的にも精神的にも費やす仕事である。どのような喜びがあって業務が続けられるのかの自覚がほしい。仕事全般にいえることでもあるが自らが介護労働を主体的に行う姿勢がなければ質の良いサービス提供につながらない。そのため、各自が目標を具体的にもてるように支援が必要である。言語や習慣が異なり、仕事を覚えるだけでも荷重が多い外国人介護士に対し、職場に慣れて仕事を覚えることで終わらずに目標設定をより丁寧にすることが大切である。2つ目は、介護は、仲間との協働によって成り立つことを実感できることである。24時間の一部を自分が担当するがあとの時間は、仲間のカバーでひとりの利用者の生活を守っている。こうした仲間で介護をする感覚により、チームワークが実感できるような仲間づくりの育成が必要である。仲間関係が充実することで仕事も円滑に進み、励みにもつながる。3つ目に、介護を行った時に利用者の反応を的確に理解できるように支援することである。介護士もお礼を言われるために介護を行っているわけではないが利用者の反応によってやりがいを感じることができる。その反応は、言葉でかえってくるとも限らないが何かしらの反応があることで次の介護につながる。外国人介護士の場合に言語の問題もあるが文化や習慣に慣れないことで相手の反応に戸惑うこともある。こうした時に利用者の反応に対する解釈であったり、反応への理解を伝えていくような翻訳機能を果たすことも外国人介護士への支援となる。さらに、仲間の介護士が利用者の反応を伝えることで外国人介護士とそれを共感的に喜ぶことにつながり、仲間同士の喜びの分かち合いとなっていく。こうしたソフト面での細やかな支援がさらなる外国人介護士の仕事へのモチベーションを向上させることにつながり、定着への可能性が広がる。

7 外国人労働者ではなく生活者としての受け入れ

(1) 労働者から生活者としての着目

ここまで外国人労働者、さらに外国人介護士について概観し、定着の可能性までみてきた。ここまで何度も「外国人労働者」と記してきたが違和感はぬぐえない。それは、来日して仕事をしている外国人は労働者ではあるが一日 24 時間を労働者として生きているわけではない。筆者も職業をもち働いているが労働者としての側面だけで生きているわけではないということと同じである。

また、労働者という位置づけは、雇用主との関係上で成り立ち、ともすれば、一方的な上下関係が構築されやすく、また、そのようにみられやすい。この場合の雇用主は、ほとんどが日本人であり、日本において日常的に優位にたつことは簡単である。外国人労働者も仕事に意欲をもって来日したかもしれないが労働者としての側面だけでとらえられるのは不本意に違いない。第９章にも同僚であるが友人でもあった職場の仲間の話が紹介されている。当たり前と言えば当たり前であるが日本人同士でも職場で同僚から友人に発展した関係を構築することは日常的に起こることである。第９章の例も同僚の友人が外国人であったということである。根本的に外国人を労働者としての側面のみではなく、我々と同じ生活者であることを今一度確認する必要があろう。こうした当たり前の感覚がないから自分の利益だけで人を動かそうと扱うような技能実習生の給料未払いや長時間労働などの法さえも犯すような問題が発生したのである。

(2) 外国人労働者の特徴

そして、外国人は、日常生活における支援の必要性が日本人よりも高いのは当たり前である。それでも外国人介護士は、難民のように母国を逃れざるを得ずに入国する場合と違い、予定しての入国ではあるがそれでも不安や不自由は山ほどある。それも第９章に記されているがどこの店に何が売っているのか見当さえつかない、公共交通機関の使い方等、日常生活のひとつひとつに丁寧なサポートが必要なことがわかる。こうしたことの支援は、どこの福祉施設も創意工夫し、外国人介護士に担当者を付けて受入れや定着の支援を行っている。このような支援は、各外国人介護士の受け入れ施設が独自に進めている。新入職員の定着や教育は、外国人であろうと日本人であろうとも受け入れ施設の責任でもあろう。

しかし、外国人が日本で暮らすことからの日本人とは異なる特徴がある。その特徴ゆえに独自の支援が必要となる。以下にその特徴を４点記しておきたい。

１点目は、日本人と異なる制度や法律で生活しなければならないことがある。日本人の馴染みがない制度にも対応をしなければならない。日本人であれば認められているが外国人が認められていないことがあったり、日本人であれば不要な手続きが必要となったりする。社会保障制度など複雑な制度利用は、どれくらい利用できるか、制限があるのかなど日本人の利用と異なることがあるのがよい例である。２点目にこれまで生きてきた言語と異なる言語で生きていくということである。第６章に詳しく触れられているが入国前後に学んだ教科書からの日本語と生活上使う日本語が異なることや世界でも上位に入る難しい日本語を習得しなければならない。日本人であっても日常で見慣れない行政からの書類や何かの説明書は難解だと感じものがたくさんある。そうした難解な文章を全て読まずとも我々は、雰囲気やおかれた状況で多くのことを判断できる生活経験に助けられている。外国人は言語の問題から情報のアクセスや入手ができないという特徴がある。こうした情報入手ができないと社会的な孤立が生まれかねない。トラブルが起こりそうになることを避けたり、起こった時の対処が困難となる。３点目によく言われる習慣や文化の違いをもって日常を生きている点である。日本で生活することを選んで来ていても日本人の考え方や習慣を身体で理解するのは、生活してみてからのことであろう。日本語だけでも不自由であろうがその上に習慣や文化を受け入れないと外国人も生活が成り立たない。こうしたことの毎日の連続は、精神的なストレスは計り知れない。日常生活だけでもストレスフルな状態にある。４点目に格差があるが労働者として入国している人々は、経済的に豊かな状態ばかりではないという点である。仕事が順調で生活基盤を整えている外国人も多いがそうでない人々もいる。外国人介護士の雇用先の担当者から、給与の中から母国に送金する金額があまりにも大き過ぎるために自分の生活費に困ることが起こっている場合があるとの話もある。母国の家族の生活を助けるために起こる現象である。送金によって、日本で全く生活に余裕がない暮らしをしている場合がある。こうした特徴を理解して受入れに対して心配りや具体的な支援を行っていくことが寛容であろう。

8　生活者が抱える課題

(1) 生活情報提供の課題

外国人介護士のみならず、外国人を労働者として日本が期待し、外国人労働者の側面でしか見ようとしないことによって、すでに多くの問題を生んでいる。こうした問題を取り上げながら生活者として外国人労働者を見た時に生活上のニーズをみていきたい。

外国人がゴミの分別ができないことが地域における問題となる。情報が提供されなければ無理なことである。日本のゴミの分別は、地域にとって扱い方が異なる難しい面がある。そもそもゴミの分別の概念も存在しない国もある。路上にゴミを捨てても道徳上問われることもなく、それを清掃する仕事が存在し、社会が循環している国もある。毎回、ゴミに手間をかけて分別する理由がわからなければゴミの分別は、面倒なことでしかない。日本人が生活上、当たり前であることを伝える発想をもつことが求められる。

その他、感染対策となる予防注射の接種や手当金の支給等、日本の行政サービスは基本的に申請主義であるために声を上げなければ利用することができない。利用を希望していないのではなく、情報が行き届いていない点が問題である。近年、言語翻訳機器が発達しているがそうしたものの利用に助けられることもあるがまずは、生活圏内の人々に情報を行きわたるようにする発想を持たなければならないであろう。

(2) 子育ての課題

外国人支援において、「外国にルーツを持つ子ども」や「外国につながる子ども」という言葉が使われている。定義が定まっていないが「両親か親のどちらか一方が外国出身者の子ども」のことをあらわしている。外国人労働者も生活を営むところで家族と暮らす人々がいる。その家族の一員である子どもの問題が指摘されている。先に外国人の特徴で述べた異なる言葉を使う問題は、その家族や子どもの生活にも大きく影響している。日本語の問題を抱える外国人の親が子どものとのコミュニケーションを母国語で話し、子どもは、学校等では日本語で学んでいる。その結果、親が使う母語も日常の日本語もどちらも中途半端な理解となる子どもが親とのコミュニケーションが取れない問題や子どもが日本語で生活できても親の日本語理解が進まずにいる場合に地域での孤立を生みやすくしている。こうした言語の問題は、家庭を築く上での大きな課題であり、子どものアイデンティティの構築に大きな影響を及ぼすともとらえられている。

家庭内でのコミュニケーションがままならない状態で子どもが学校の中でいじめ等を理由に不登校の問題も散見されたり、義務学校教育を受けていない外国にルーツをもつ子どもの問題としても取り上げられている。

(3) 夫婦関係の課題

外国人の在留によって、国際結婚も増加している。夫婦関係に問題があった時に相談できるシステムが身近な窓口となっていないことは外国人にとって不安となる。例えば、配偶者からの暴力によるドメステックバイオレンスの問題が起こっている。離婚によってビザが得られないことから我慢を重ねている場合もある。こうした問題が起こった際に被害を受けている外国人が頼りにできる人がそばにいる場合はまだしも、誰にも相談できずにその夫婦関係から逃れられるような対応がとれないことが問題であろう。NPO などの支援団体によって支援は行われているものの外国人の中で一般化されていない。外国人が安心して気軽に相談できるシステムをどのようにつくるのかが課題であろう。

(4) 緊急時対応の課題

災害を含む、病気や事故の突発的な事態が起こった際に外国人にも迅速な対応が可能となるようなしくみも必要である。病気やけがの際に病院選定や受診場面等には医療通訳も必要である。また、災害時の避難所や情報提供方法の工夫も必要となっている。

また、こうした緊急時備えて、防災対策などの考え方も母国によって異なるため、防災教育が必要な場合もあろう。近年、防災の問題は、特に関心の高い問題となっており、災害弱者という言葉も生まれているが外国人を弱者としないような取り組みが必要になろう。

上述した４点のみが問題ではないが実際に外国人が生活するところで派生する課題から外国人のニーズを考えた。これらの解決のひとつとして政府から2019年6月に「外国人材の受入れ・共生のための総合的対応」追加策の案が公表された。外国人の支援は、少しずつでしか進まないが本節の冒頭で述べたように常に外国人労働者も生活者であることを忘れてはならない。外国人が日本で暮らせば、日本人が必要としないサービスが必要となることを考えていかねばならない。

9 多文化理解の促進と共存する社会の構築

少子高齢化から起こる問題や経済のグローバル化、政府の政策の推進によって外国人の人々は、当面、増加傾向にあると考える。

こうした状況で先に挙げたようなニーズに対し、具体的にどう対応していくのかを考えなければならない時期にきている。安い労働力としてみなす時代ではない。外国人の権利を守る責任も受け入れた我々にもある。そして、権利を尊重できない国であれば外国人から日本が選ばれなくなる可能性がある。外国人を労働力としてしか見ずにいれば、外国人は、異なる国に居場所を変えるだろう。受け入れから定住までの一貫した支援姿勢と具体的方策が急務であろう。

多文化理解の促進と共存する社会を目指すためには、外国人を受け入れる姿勢がそうした社会をつくることを理解しなければならない。誰しも異なるものを受け入れることは難しい。すでに外国人なくして日本が存続できない事実を受け止める時である。そして、自分の偏見や差別意識をもう一度、確かめながら共存は、相手を理解しようとする一歩から始まることを心にとめて行動していくことが求められる。

＜引用文献＞

1）＜法務省出入国在留管理庁 http://www.moj.go.jp/nyuukokukanri/kouhou/nyuukokukanri04_00003.html 令和元年末現在における在留外国人数　アクセス日：2020年８月28日＞

2）＜厚生労働省職業安定局：https://www.mhlw.go.jp/stf/newpage_09109.html「外国人雇用状況」の届出状況まとめ（令和元年10月末現在）アクセス日：2020年８月28日＞

3）厚生労働省　社会・援護局　福祉基盤課：https://www.mhlw.go.jp/content/12000000/000549665.pdf 福祉・介護人材確保対策について 2019年９月（アクセス日：2020年８月29日）

4）厚生労働省社会・援護局 福祉基盤課：https://www.mhlw.go.jp/content/12000000/000549672.pdf　令和２年度概算要求について　令和元年９月（アクセス日：2020年８月29日）

5）日本労働連合会：外国人労働者の受け入れに対する意識調査2018 https://www.jtuc-rengo.or.jp/info/chousa/data/20181018-02.pdf?53（アクセス日：2020年８月31日）

6）塚田典子「社会福祉施設における外国人介護労働者の受け入れとその支援」『ソーシャルワーク研究』相川書房　2020年　P28

7）手塚敬一郎　「外国人介護職を受け入れて多様な人材の働く職場をつくる」『月刊福祉』2019年９月号　P37

8）一般社団法人　外国人看護師・介護福祉士支援協議会：第10回EPA受入施設及び看護師・介護福祉士候補者調査　http://www.bimaconc.jp/%E7%AC%AC10%E5%9B%9E%E3%80%80%E5%AE%9F%E6%85%8B%E8%AA%BF%E6%9F%BB190918.pdf　（アクセス日：2020年８月31日）

第8章 専門学校で携わる外国人留学生

1 専門学校に入学する外国人留学生

(1) 増加する外国人留学生

筆者が勤務する専門学校（介護福祉士養成施設。以下、専門学校）は、毎日留学生で賑わっている。現在、1年生の担任をしているが、4月（2020年）に43名の学生が入学してきた。43人中、日本人学生は8名、あとの32人は留学生だ。およそ75％が留学生ということになる。ベトナム・ネパール・スリランカ・モンゴル・フィリピン・中国・韓国からの留学生が在籍している。外国人留学生入学者がいなくては、学校は成り立たない。入学時の在留資格は「留学」、卒業時に資格を取得できると在留資格が「介護」となる。姉妹校の中には、100％留学生という専門学校もある。

3年前は、定員30名で募集をしていたが、現在は40名定員としている。年々、定員数を増やしても留学生の入学で定員割れすることはない。

(2) 入学時の日本語能力

留学生のほとんどは、日本語学校を卒業後に入学してきている。入学試験の説明では、日本語能力試験のN3レベル相当となっているが、入学してからN3を受験する学生が多い。

本年度入学の1学生の場合、32人中、入学時にN2合格者が2名、N3合格者が6名であった。会話してみると、理解しているようで理解できていないことが多い。会話はできるが読み書きが苦手な学生、逆に読み書きはできるが会話が苦手な学生と入学時は両極端に感じる。少なくとも、介護福祉士養成のテキストをルビ無しでスラスラと読めて、内容や意味が分かる学生はいない。

(3) 入学動機

日本人学生については、介護福祉士になりたいという明確な動機があるが、外国人留学生の場合、動機は何だろう？介護福祉士を取得し、介護の仕事に就きたいと願っているのか？？と考えてしまうことがある。入学願書には、定型文をコピーしたように「幼いころから人の世話をするのが好きだった。」「おばあちゃんが大好きだったから、高齢者と関わりたい。」「日本の介護を学んで自分の国で施設を創りたい。」と書かれている。

しかし、全ての学生が介護福祉士になりたいという志があるわけではない。大きく分けると、以下の２つに分かれている。

①　介護福祉士になりたい学生

介護福祉士になりたいという明確な目標がある外国人留学生は、それ以外の動機がある学生と比べると、かなり優等生である。帰宅後も予習・復習のために勉強しているようだ。筆者の学校では留学生は100％アルバイトをしているが、介護に対する気持ちがある学生は、入学前から介護施設でアルバイトをしている学生が多い。実習先を決める時、勉強のために他の施設も見てみたいので、働いている施設以外で実習させてくださいと希望がある。

②　在留資格「留学」で日本での生活を継続したい学生

日本に滞在するためのビザを取得するため、入学してきている学生もいる。学ぶ姿勢や気持ちがなく、登校しているだけのような学生だ。入学前まで、どのような環境でどのような指導を受けていたのかは不明だが、専門学校で1850時間のカリキュラムで単位を取得してくのは、簡単なことではない。入学動機が不純な場合、勉強についていけず、退学するケースがみられる。

ただし、日本での生活を継続したくて、専門学校に入学してきた学生も卒業する頃には、介護福祉士となる自覚が芽生えていることが多い。入学から１年経てば、別人のようになっている学生もいる。入学時よりも、できることが増え、学ぶ楽しさを知っている。２年間、異国の地でアルバイトしながら学校に通い、1850時間のカリキュラムを終え卒業する。

2 外国人留学生に携わって知ったこと

筆者が初めて留学生に携わったのは、４年前である。基礎を教える介護講座で８名の学生と関わった。『明るくて元気』というのが第一印象だった。朝一番の授業では、筆者が教室に入ると、いつも何か食べている学生がいる。途中の休憩も何か食べている学生が多い。一番驚いたことは、昼休みだ。チャイムが鳴って挨拶をすると、教室のカーテンを閉めて、それぞれの学生が椅子を並べ自分のベッドを作り、寝る準備をする。筆者が部屋を出たと同時に電気が消え、部屋が真っ暗になり、眠りに入る。午後の授業が始まるチャイムと同時に教室に入ると一斉に起きる。昼休みの時間を睡眠に充てるために、朝からパンやお菓子をみんなで食べているということに気づいた。

外国人留学生に携わると日本人学生とは違うこと、文化の違いから生じる言動の違いがたくさんある。外国人留学生の言動の中で、４年前より理解できるようになったこと・理解できるようになったから、指導の仕方が変わったことについて説明していきたい。

下記の３事例は、小見出しは、素敵な言葉で書いてあるが、そのことにより、日本で生活するうえでの課題がある。留学生と関わる上では、どのような問題が発生してしまうのか、その問題をどう捉えるべきなのかを知っていただく必要があると感じている。また、文化の違いを理解し受け入れていくために、良い部分と課題となっている部分をセットで知ってもらえると受け入れやすいのでないかと考えた。

(1) 助け合いの精神

筆者の所属する学校では、毎回の授業ごとに小テストが実施され、小テスト以外にも中間テストや期末テストがある。入学して１～２カ月は、カンニングは当たり前のように行われている。留学生は、カンニングは不正行為ということは何となく理解していて、やってはいけないこととわかっているがカンニングする。今まで何となく、うまくやれてこれた環境であったことがわかる。

人の解答用紙を見る側の学生と、人に自分の答案用紙を見せる側の学生がいる。留学生は、不正行為という感覚以上に、「困っている人を助ける」と考えている。テスト以外にも、レポート等の提出物や課題があった場合、人のものを写して提出するのは、当たり前に行われる。彼らは、「できなくて困っているから助け合っている。」という感覚なのだ。日本人学生の中には、クラスメイトから質問があっても、わかっているのに知らない素振りをしたり、自分が導きだした答えを人に教えたくないという学生がいる。クラスメイトが明らかに困っていたとしても、助ける気持ちがない学生も存在する。

上記のように留学生が助け合いの精神でカンニングや人のものを写すことを繰り返していると、勉強の仕方がわからない・提出した物の内容がわからないという問題も生じてくる。又、現場で仕事をする際、介護の知識や思考が乏しく、人のまねをすることしかできない介護福祉士となってしまう可能性がある。

カンニングの対処方法については、日本のルールではカンニングは許されないことを伝え、介護福祉士国家試験の準備として訓練していく。試験監督がカンニングと捉えた場合は、本人がカンニングしていないと言っても、退出してもらい0点とする。他の人のものを見ているつもりはなくても、長年の習慣で目線が人の解答用紙にいってしまう。その場合も、0点とし、カンニングとならいように練習する。5回程度テストを経験した頃には、カンニングと誤解されるような素振りはなくなる。

レポートなどを写す行為についての対処方法については、時間がかかるが学生と向き合って指導する。

留学生は、あまりズル賢さのようなものがなく、人のものを写すときは、まるまるそのまま映して提出する。日本人学生の場合は、写す場合でも少し内容や言葉を変えてみたり、先生にバレないように何か工夫するが、留学生はそのままの場合が多いため、全く同じレポートが2枚あることになる。写したレポートを提出してきた場合、二人（関わった学生全員）を呼んで経緯を聞く。この時も、“助け合いの精神”でお互いかばい合いながら話をしていて、微笑ましく感じてしまうこともあるくらいだ。

教員が写していることに気づいていることを伝え、わからない場合は、何度でも聞きに来るように指導する。一度、時間をかけてゆっくり指導し、提出物の記入方法やレポートのやり方がわかると、自分でできるようになることが多い。

(2) 積極的だからこそ、やりたいことは今やりたい！

『最後まで説明を聞いてください。』授業中に声を張り上げて留学生によく言っている。

実際に演習を行うような授業・個人ワーク・グループワークを行う授業では、最後まで説明を聞く前にわかったと感じると“今やりたい”と、すぐに行動し始めてしまう学生が多い。日本人の学生は、逆に、『わかりましたか？では、はじめましょう。』などとやり始めるように促す言葉を使うことが多い。

留学生は、授業中は積極的に学ぼうとする姿勢があり、疑問を言葉にして確認する。授業中に「先生‼」と急に質問するのは、だいたい留学生だ。“今聞きたい”内容を質問する。それ今なの？とビックリするような質問も多い。

質問があった場合は、クラス全体で質問内容を共有できるが、日本語に自信がないと自国の言葉でわかるように言葉が通じる友達に聞く学生もいる。“今知りたい”学生は、一番わかりやすく説明してくれる友達に聞く。教員が話していても、友達に話しかけて聞いている。

(3) 外国人留学生はしっかり者

修学資金貸付制度を利用する学生を集めて申請書を記入した時、学校の名前や自分の住所、電話番号など、一つ一つ指導しないと記入できないのにも関わらず、貸付期間や金額については、ほとんどの学生が先に記入していて驚く。「なんて、しっかりしているのだろう」と感じた。

専門学校では、学費や雑費などを納期期限内に払わない留学生がいて困ることがある。留学生に支払い期日を確認すると「先生、ごめんなさい。○月○日に給料がでるので、○日までに持ってきます。」いうが、約束通りに持ってくる留学生は１割にみたない。なんとかなると思っている。しかし、留学生自身が「これだけはやらなくてはいけない！」と感じた場合は、なぜか必要な金額を用意することができる。生活に困っていて、二千円が用意できないと言っていた学生が、次の日、三万円持ってくる等の不思議な出来事が起こる。

お金のことだけでなく、“できない”と言っていたことが“できてる”ことがあり、“できないはず”と思っていたことが“できてた”ことがある。筆者は不思議だと思っているが、留学生の中では普通のようだ。

外国人留学生は、

・自分がやらなくても他の人がやってくれること
・自分がやらなくても誰かが助けてくれて何とかなること
・すぐにやらなくても誰かが助けてくれて何とかすればいいと思っていること
・自分がやらないとなんともならないこと

が判断できているしっかり者だと感じている。

(4) 教員側の抵抗感

既述の３事例に関して、初めは戸惑い「だめ！」などと、言動を制御する指導をしてしまっていた。助け合いの精神が当たり前という考え方や積極的に取り組む姿勢は素晴らしいがルールは守らなくてはいけない。

今は、助け合いの精神、積極的、しっかり者と良い部分があることを理解できているので、否定的な言葉で指導することが減ってきている。今、指導するうえで大切にしていることは、ルールがある事柄の場合は、日本でのルールをわかるように丁寧に説明している。

ルールがない‘察する’‘空気読む’などの事柄の場合は、筆者自身がどのように感じたかや日常生活で起こることを想定しながら丁寧に説明することで、留学生自身に気づきがあるよう指導をしている。

「日本人おかしい！」と学生が反論することもあるが、日本で介護福祉士として働いていくうえで、日本人の中のルールがわからないとコミュニケーションに問題が生じてしまう可能性があることも説明し、ルールを守るように指導している。

3 ボーダーライン

留学生に携わって１年経ったころ、筆者はふと思った。「もはや、日本人のほうがおかしいのではないか？全ての事がきちんとしすぎているのではないか？」と。シンガポールで、ゴミを捨てないのは日本人だけではないか（笑）？そう思ってしまうくらい、日本人だけ何かが違うように感じたのだ。

自分が生きてきたなかで培ってきたルールは、人それぞれ皆違う。日本では、行列ができるお店で並ぶのは当たり前で、割込む人はほとんどいない。テレビで外国人観光客が割込む姿を目にするが、日本人と外国人観光客とは、ルールや感覚が違う。

筆者と留学生の関わりの中で、筆者自身に“限度のボーダーライン”という言葉が生まれた。自分自身に、どこを限度の境目にするのか？いつも問いかけながら留学生に対応している。

留学生に対して、どのように対応するが悩んだ時や何か問題が生じた場合は、その事柄の大小に関わらず、まず、学生とルールを確認する。

ルールを確認しても次の問題が発生することが多々ある。一度ルールを確認しているのにも関わらず、次の問題が発生すると、感情的に指導してしまうことになりがちである。学生のための対処方法や指導方法を考えるために筆者自身の限度のボーダーラインを決めている。

<ボーダーライン設定時、年頭に置いていること>

- ***学生がルールを理解していることを再度確認する***
- ***クラス全員に公平で平等であること***
- ***学生の意見を聞いてみること***
- ***約束を守らなかった場合は、１回目は軽く注意。２回目は厳重注意。***
- ***期日については、余裕をもって設定すること***

（例）朝、学生からメールが来ていた。

「先生　わたしの　きのう　新しい　ビザ　の　かみ　いえ　に　とどいた　の　で　きょう　もらいに　にゅうかん　いきます　それで　学校　くる　できません。」

ビザが更新できたので、入国管理局に行くために学校を休むという内容だ。

しっかり者でやりたいことを今やりたい留学生は、私情で学校を休む。筆者の学校は、木曜日と金曜日の午後は授業がないため、役所や入国管理局に出向くような手続きは、木曜日と金曜日の午後に行くよう再三指導している。指導しているが、しっかり者の留学生は、自分のルールで動いてしまう。

この学生に対して学校からは、「今日は、授業があります。学校に来る日です。入管より学校が優先です。」と返信したがその日は何の返事もなく登校しなかった。

この時に筆者の頭の中で「明日の昼休み、本人に話を聞こう。明日、もう一度ルールの確認をしよう。」と、ボーダーラインを設定する。留学生の場合、ルールの説明をしても、日本語が理解できていないことがあるため、今回の欠席は１回目の注意にせず、また同じことをしてしまった場合１回目の注意と考えている。

ボーダーラインは、クラスや学生に合わせて設定することができる。入学時は、クラス全体でかなり低く設定しているが、１年経つと、少しずつ上がっていく。限度のボーダーラインが上がっていることと学生の成長は比例しているため、楽しみながら対応している。

4 利用者に喜ばれる外国人留学生

(1) 現場での評価

アルバイトしている学生や、実習中の学生は「イキイキ」と、目を輝かせている。留学生は実習先から、「よくやってくれています。」と褒められることが多い。現場の指導者から高い評価を受けることがない場合も、利用者と関わっている学生の話を聞いていると利用者から高い評価を受けていることがわかる。

日本語がわからず、学校での授業は理解できていない学生が現場で実習指導者や利用者に高い評価を受けるのは、非言語的コミュニケーション力の高さにあると考える。

(2) 感じ取って身につける能力

授業は元気の良い大きな声の挨拶から始まる。日直が号令をかけると、「先生、よろしくお願いします。」と元気よく挨拶する。そこで、日本人学生が「あれっ？」と初めて感じる瞬間がくる。

今年度は、クラスの挨拶が合わずに、“先生”という言葉を付けるかどうかの話し合いを行った。真剣な話合いの結果、「よろしくお願いします。」「ありがとうございました。」で“先生”という言葉を入れずに統一となった。

外国人留学生の中には、入学当初は会話に「先生」を付ける学生が多い。「おはようございます、先生。」「わかりました、先生。」「大丈夫です、先生」など。私も最初は、「違和感」を感じたが、今は聞きなれてしまっている。日本に来る前の習慣なのかどうかを聞いてみると、そうではないという答えが返ってきた。彼らが日本で先生という立場の人間とうまくコミュニケーションを図るために培った技なのではないかと考える。これは、彼らが出会った先生方に「先生と付けましょう」と言われたはずもなく、先生と付けると、何か先生に違いがあり、先生と付けたほうがよいと判断したのではないかと推測する。

(3) 観察力の高さ

1850時間のカリキュラムの中には実習が含まれていて、学生は介護現場に実習に行く。教員は実習巡回に回り、介護過程の展開を指導する。利用者像を把握するために学生が記入したシートを見て、わからないことがあると質問していくが、その時に、留学生の観察力の高さに驚かされる。質問して、目に見えることについては答えられないことはほとんどない。例えば、「麻痺の状態は？」と聞くと、日本人学生は、「左麻痺です。」と答える。

留学生は「先生、左マヒ。もう、かたまっているよ。○○さん、いつも右手でこうやって左手触っている。痛いかな？動きたいかな？」と答える。留学生の答えにはよく観ていますね！とほめることが多い。

(4) 既述の２事例から

コミュニケーションとは、他者と間で情報を伝達（交換）し、相互に理解を深めることであるが、この情報の伝達や交換は、言葉が話せれば言葉に頼ることが多い。留学生は言葉に頼ることができない。その分、非言語的な情報量を増やし補っている。非言語的コミュニケーション力が高いということは、それだけ‘よく観ている’ということだ。相手に関心をもって観ていることは、相手に伝わっている。助けたい気持ちや関心をもっているから、相手の気持ちを観ようとしている。利用者が留学生の出勤を楽しみにする気持ちがわかる。

5　一番の悩みは日本語

(1) 日本語は難解

学生も教員も一番の悩みは、日本語にあるのではないか。筆者は最大の課題は日本語だと考えている。

４年前、留学生の授業を担当することが決まった時、ある先輩講師から『言葉を選ばずに伝えると、留学生は幼稚園生みたいです。本当に素直で可愛い。すぐに飽きちゃうのでとにかく工夫して授業してください。』とアドバイスをいただいた。

初めて携わった留学生の中に３年間指導した学生がいる。最初の半年は、アドバイス通りだと感じてしまったことがあったが、今考えれば、そのように感じてしまったこと自体が間違っていたと思う。３年後、立派な介護福祉士になっていた。日本語の理解力の問題だった。

日本語がわからなければ、わからない言葉だけが聞こえる授業がつまらないのは当然だ。

４月に入学してきた学生に、入学１カ月後、一番困っていることは？と聞くと、留学生全員が口を揃えて「先生、日本語‼むずかしい～」と答えた。

(2) 日本語で会話する頻度

この4年間、たくさんの留学生の様子をみてきたが、成績が伸びる留学生は、日本語力も上がっている。授業中は、日本語以外使用禁止という学校もあるが、禁止といっても自分の国の言葉で話したい気持ちはわかる。留学生は、一生懸命日本語を話そうとする学生と日本語を使わない学生に分かれている。日本語で話している学生は、その学生の日本語を耳が聞き慣れるくらい聞いているが、話さない子は、たまに発表の時に聞くくらいだ。日本語力が伸びる子は、学校で日本語を話している。

最初の実習を終えて帰校すると、ほとんどの留学生が、「日本語ができなかった。話せなかった。言いたいことが言えなかった。」と嘆いている。そこから、日本語に対しての意識が変わる学生も多いが、友達とは、日本語以外の通じる言葉で話している学生がほとんどだ。

(3) スマホの翻訳機能で勘違い

ICT 化が進み、スマホやタブレットで授業中も検索することが多くなった。翻訳して、その場で意味がわかったら、覚えずに分かった気になってしまっている。漢字が読める学生は、コピー機能を使えば、授業中に質問したこともすぐに答えられる。

読めたことで、わかっている気になってしまっていたり、質問に答えてその場を切り抜けたことに満足してしまう学生が多い。

(4) 語彙力

授業で得た知識を覚えないと意味がない。最重要部分は、授業中に「翻訳機能ナシで答えるために、今覚える。」と時間をとるが、その時間に必死に覚えようと何度も書いている学生と、ぼーっとしている学生で差が出てくる。言葉をどれだけ知っているか？が鍵となる。これは当たり前の話だ。成績が良い留学生と悪い留学生では、語彙力が違う。能力の差もあるが、勉強の仕方がわかっていない学生が多い。

例えば、肺炎について学ぶ留学生の頭の中の順番を見てみると、まず、肺炎⇒（ひらがなを調べて）はいえん⇒（肺炎を自分の国の言葉で調べて）肺炎がわかる。介護福祉士という専門職になるための勉強でなければ、ここまでわかれば十分である。肺炎という言葉を自分の国の言葉に直した時点で、肺炎がイメージできるからだ。専門学校では、ここまででは終わらない。肺炎とは、肺に菌が入り炎症を起こす⇒肺に菌が入り炎症を起こすを自分の国の言葉に訳し理解する⇒症状は咳・発熱・呼吸困難など⇒症状は咳・発熱・呼吸困難などを自分の国の言葉に訳し理解する

日本語と自分の国の言葉を行ったり来たりしながら、知識を習得するが、最終的には暗記しなくてはいけない。

自国で看護師の資格を取得したり、専門的な勉強をしたことがある学生は、知識があるため、日本語がわかればよい。しかし、専門的な勉強をしたことがない学生は、自分の国の言葉で覚えた後に日本語で覚えるという作業をしなくてはならない。効率の良い勉強方法は、人によって違う為どのような方法でもよいが、知識は全て日本語で覚えなくてはいけないことをわかっているかどうかで、勉強の仕方が違う。

(5) 勉強する時間

上述したように、専門知識と日本語はセットで覚えなくてはならない。授業の時間内は、どんどん進んでいくので予習・復習が必要になる。「先生、日本語‼むずかしい～」と言い続けている学生は、授業以外で勉強していない。

今年度入学した学生をみて、勉強するには入国時からの環境が大切で

あると痛感した。

入学式の日に元気のよい５人の女の子が一人の日本人男性と一緒に登校してきた。父親代わりのようにみえる男性は、入学式の様子をカメラに撮っていた。５人は礼儀正しく、落ち着いていた。日本語能力も他の学生より高かった。彼女たちの在留資格は、「介護」で他の学生と変わらない。同じ在留資格「介護」で、こんなにも違うのか？と驚いた出会いだった。

父親代わりのような男性は、ある法人（介護関係）の取締役で数年前から介護現場における外国人の必要性を重要視し、日本に入国した時点から、良い環境でしっかり学ばせて、良い介護福祉士を育てていくという志を話していた。彼女たちは法人が用意している寮に住んでいる。寮費は8000円（お米の支給付き）。帰宅すると全員、公共のスペースで勉強する。

法人が奨学金の保証人になっているため、卒業後５年間はその法人で働くことになる。現在も土曜日と日曜日はアルバイトをするが、本人が勉強についていけないと不安になると、状況を確認し、アルバイトを休ませる。父親代わりのような男性からは、入学してから２週間に１度のペースで電話があり、彼女たちの様子をきいてきている。５人は優秀で、勉強の仕方を知っている。予習・復習するから、授業がわかり、勉強する楽しみがわかるのではないか。

環境が変わればここまで違うのかと感じた。勉強したくても、様々な事情でアルバイトに時間を費やしている学生が多い。留学生に良い環境を提供できれば、もっと学ぶことに時間を使うことができるのではないかと感じる。

外国人介護士を同僚として公私で支える

1 外国人介護士と働く

(1) 自宅に赴く

現在、筆者は特別養護老人ホームでユニットリーダーとして勤務しており、これまでEPA（Economic Partnership Agreement）で来日した方、その他の定住等の外国人介護士と一緒に働く機会を得ている。EPAによる外国人介護士が来日した時、彼女達と関わることで、いろいろ事を考えさせられた。

例えば、彼女達が来日して間も無い頃、私を自宅に招いてくれ、母国（ベトナム）の料理を振る舞ってくれた事を思い出す。このことは非常に印象に残っており、とても嬉しく感じた。そして、職場の同僚としてではなく、単なる友人として出来るだけ彼女達の力になっていこうという気持ちになった。

外国人介護士らと働くには、同僚として過ごすだけでなく、プライベートで友人としての関係を構築することで職場の関係も良好となる。あたりまえの事であり日本人同士でもそうであるが、友人でもあり同僚といった関係が構築できれば、もっとも理想的であろう。

(2) プライベートの困り事

この数年間、彼女達の同僚・友人として関わってきた中で、外国人介護士が日本で生活していく上（プライベート）で、困っていた事や不満を感じている事はたくさんあると認識している。

第一に、来日して間もなく日本の生活パターンに慣れていない事だ。例えば、生活に必要な物を、どこで買えば良いのか？わからないという。彼女らは土地「勘」も無いので、困惑するのは当然であろう。また、店の名前を見ただけでは、「何の専門店なのか？」理解できない。単純な事だが、日本語も充分に習得していない彼女らにとって不安ばかりである。

第二に、彼女達は自転車またはバスや電車等の公共交通機関を使用していたが、その点でも苦労していたように思う。不慣れな土地で公共交通機関を使用すること自体慣れてはおらず、不安ばかりが募っていた。

筆者は自家用車で、初めの頃は一緒に買い物へ行った事もあった。そして、徐々に公共交通機関を利用できるようにアドバイスしていった。外国人介護士らは日本で車の免許を得て、自家用車を購入することは皆無である。その為、はじめから住居を決める際には交通のアクセスが良く生活しやすい場所を選ぶべきであろう。もちろん、職場への通勤の事も考え生活しやすく通勤しやすい場所を選ぶことも必要である。しかし、筆者の友人である外国人介護士らは、施設（勤務場所）も辺鄙な場所にあった。

第三に、来日すると身近な友人が少ないため、休日に会える人が居ないことである。つまり、休日は一人で生活していてする事がなく、つまらないと感じている人が多いということだ。確かに、数人の外国人介護士で来日して母国語で話す仲間はいるかもしれないが、介護施設はシフト制であり、ほぼ休日は外国人同士が重なっていることは少ない。もちろん、これは日本人でも同様で、職場で友人となった同僚でも希望休を示し合わないと、休日、一緒に遊びに行くことは難しい。

特に、全く単身で外国人介護士が一人で来日したケースでは、全くの孤独感をプライベートで経験することになりかねない。実際、職場でそういった外国人介護士を見かける事もあった。そういった悩みを聞き、筆者は職場の親しい同僚達で、飲み会（食事会）やカラオケ等を開催し外国人介護士とのプライベートの交流を積極的に催した。

(3) 食文化の違いを理解

当初、どこまで楽しめるのだろうか？と不安に感じる面や、日本人の中に１人だけ外国人が入り、飲み会やカラオケ等の場で楽しめるのか？という不安もあった。しかし、プライベートでの関係性を構築していくことで、そういった心配は徐々に薄らいでいった。

なお、食事に関しては、外国で馴染みの無い刺身や納豆等が苦手な外国人介護士もいるため、お店には色々な種類の食べ物がある場所を選ぶ必要がある。しかも、メニューに写真が掲載してある料理名を選定するようにした。どんな食べ物（飲み物）かわからない場合があるので、わかりやすく説明する等の配慮は必要であるためだ。

(4) 家族ぐるみの付き合い

しかも、筆者は外国人介護士のみだけでなく、それらが呼び寄せた家族も同様に飲み会等の場に誘い交流を深めた。外国人介護士の中には、呼び寄せた配偶者や恋人を紹介したいという人もおり、そういった家族ぐるみの付き合いが重要である。

そうする事で職員（外国人労働者）もその家族も喜んでくれ、職場の同僚宅でバーベキューを行う等、今では家族も含め日本人同士の友人と変わらない様な関係性を築けている。

中には日本語をほとんど話せない家族もおり、同僚（外国人介護士）が通訳の役割を担ってくれることで、コミュニケーションを図れる。

しかし、筆者が関わってきた人達は、全てが飲み会の様な場が好きな人達ばかりではなかった。日本人にも飲み会等の場が苦手な人達もいることを考えれば、そういった方達には違ったアプローチが必要である。

2 日本人が踏まえておく価値観

(1) 女性外国人介護士は結婚願望が強い

日本に働きに来ている若い独身の女性外国人介護士（20代前半～後半）は、結婚願望が強い印象を受ける。日本で仕事もしたいが、結婚もしたいという気持ちで悩む人が、多いと認識している。現在の日本人女性の結婚年齢が上がってきているが（図９－１）、ベトナム（EPAで来日していた人たちがベトナム出身の女性）では20代前半で結婚する事が多く、彼女たちの友人の多くが結婚している。実際、ベトナム人女性の平均初婚年齢は約23歳である[1)]。日本人女性とは６歳以上も違う。

そのため、来日する女性外国人介護士の多くは、少なくとも30歳になるまでに帰国して結婚することを望んでいる人が大半と認識している。確かに、来日中に日本人と結婚する人もいないわけではないが、このようなケースは少なく、彼女らの大半は母国に帰り現地の人と結婚すること望んでいる（元々現地に恋人がいる場合もある）。

図９－１：日本女性の初婚平均年齢の推移（歳）

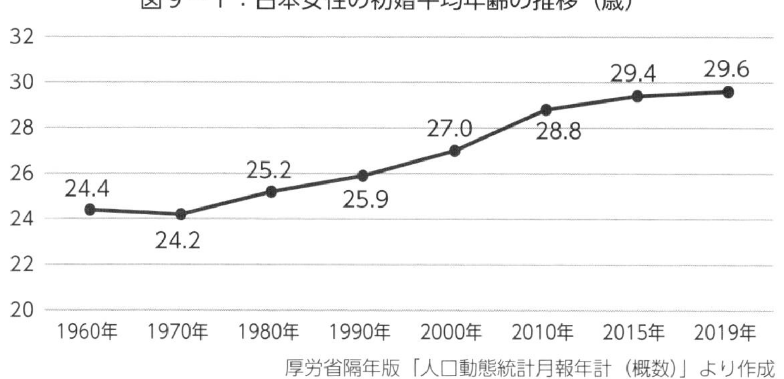

厚労省隔年版「人口動態統計月報年計（概数）」より作成

筆者は、結婚後の事を考えても、日本では子育ての環境が充実しているとは言えないため、帰国してしまう人も多いのではないかと感じる。しかし、そういった環境が十分な職場であれば恋人（家族）を、日本に呼び日本で共に生活するという人達も増えてくるのではないかと思う。

実際、筆者の同僚の外国人介護士も、夫（恋人）が来日し結婚後日本で働きながら一緒に生活をしているケースもある。現在、外国人介護士は介護業界では貴重な人材であり今後はさらに需要が高まってくると感じている。そのため、彼（女）らのためにも生活環境を整えていくべきだと感じている。

(2) 仕事上で踏まえておくべきこと

もちろん仕事上（業務）で、気をつけなければいけない事や改善しなければいけない事もアドバイスする。以下では、業務上で、気づいた点を述べることにしよう。

まずは、文化の違いや言葉の壁である。例えば、ベトナム人の場合、人前で注意される事はあまり良くない事だと聞いていたので、何か指摘する時は２人だけの時に気をつけていた。彼女達の尊厳を傷つけてしまうからと認識していた。

また、ベトナムには「昼寝」の慣習があり、休憩中であっても横になって休めるスペースが必要であった。しかし、日本人では休憩中に「昼寝」の習慣がなく、そういったスペースがない職場が多いと思う。そのため、外国人介護士を受け入れる際には、和室など横になれる空間を設けるなどの工夫が必要であろう。

彼女達自身からは、上司に言い出せない人が大半であろう。特に、不満や要望があった場合には、ユニットリーダーである筆者が、適宜、気にかけながら話を聞いて管理職に伝えていかなければならない。確かに、全て希望通りにというわけにはいかないが、国によって習慣や文化が異なり、場合によっては宗教上の問題も生じてくるため、日本の価値観で物事を判断することはできない。

(3) 日本人の「日本語」がおかしい？

日本人らの介護士が外国人介護士を受け入れる際には、誰しもが「彼女達は、どこまで日本語での会話が成り立つのか？」「入居者と、しっかりとコミュニケーションが取れるのか？」といった疑問を抱くに違いない。

しかし、実際に彼女達に会うと、それほど心配しなくともいいのではないだろうか？確かに、各個人の能力にもよるが、技能実習生といった外国人介護士においても、全くコミュニケーションが取れないというレベルの人とは出会ったことがない。むしろ、日本人が「早口言葉で話したり」「会話の中で難しい言葉を使ったり」「主語と述語が曖昧」といった、日本人の日本語がおかしいため、コミュニケーションがとれないのではないかと考える。

外国人介護士らの日本語は、しっかりとした日本語教育を受けており教科書に沿った日本語で話す。しかし、日本人の日常会話は文法などが間違っており、教科書的には不適切な日本語を使っていることが多々ある。筆者は、外国人介護士と仕事をすることで、改めて日本語を学ぶ機会を得た。

また、長い文章（会話）になったりすると、外国人介護士には伝わりにくいため、出来るだけわかりやすく短い文章（会話）で、ゆっくりと話すように心がけている。

(4) 日本人も「日本語」を学び直すことも必要

実際、日本人であっても、漢字の音読み・訓読みの使い分けや接続詞の使い方が間違っているケースが多いはずである。日本語を難しいと感じている外国人介護士は多く、日本人スタッフや利用者が文法上間違った使い方や話していると困惑するケースがある。

よく日本人スタッフが「外国人介護士は、日本語がわからない」と、言う人がいるが、日本人スタッフが使用している日本がおかしいから理解できないケースもある。実際、日本人スタッフが外国人介護士の受験している日本語検定試験N4・N3の問題を解いたら、どのくらいの点数がとれるのか興味深い。

(5) 文章になると難しくなる

また、回覧（連絡メモ）で回ってくる文章等も簡略化した文章であったり、難しい日本語が多く使用されているため、外国人介護士が理解しにくいものとなっている場合が多いこともある。そのため、日本人スタッフが改めて口頭でわかりやすく伝える様に気を付けていかななければならない。

特に、会話は問題がなかったとして、書く事が苦手な外国人介護士もいるため、長い文章を記録する際に文章を考え、実際に書く際にも時間がかかる。時には時間をかけて考えても意味が伝わらない文章になってしまうということがある。

筆者の経験では、他人に頼らず自分で頑張ろうと、日本語を調べながら文章を考えている人もいたが、時間がかかってしまい間違いが出てしまう。特に、インターネットの日本語翻訳機能が間違っている場合あり、日本人スタッフが気軽に日本語の文章をフォローすることが重要であろう。

3 外国人介護士にも差がある

(1) 日本人スタッフへの研修

当然のことだが、外国人介護士にも差がある。日本人スタッフにも人によって能力の差と同じことである。ゆえに業務内容にも差が生じる。

しかも、外国人介護士は常勤職員であるため、日本人の職員とも比較して職場では見られる。外国人介護士といえども、常勤職員であるからには日本人の職員と同様に扱わなければならないため、業務に差が生じてしまえば不平等だと感じる日本人職員もいる。

むしろ、筆者は要介護者による外国人介護士に対する意識よりも、日本人スタッフによる外国人介護士への対応・意識が問題になることがあると考える。主任や介護長などは、それなりに外国人介護士に対してフォローするかもしれないが、一般日本人介護士の一部には外国人介護士への理解が薄く、業務で問題が生じると外国人介護士に冷たくあたるスタッフもいた。どうしても、外国人介護士のほうが業務に遅れが出てしまうと、「正規職員なのに」との感情が芽生える日本人スタッフも一部にはいる。

そのためにも、外国人介護士を受け入れるには、まずは日本人介護士への研修・説明などをしっかりと行うべきと考える。どうして、当法人が外国人介護士を受け入れているのか？外国人介護士の戸惑うことなど、日本語や文章など日本人スタッフに一定の理解を得る機会を設ける必要がある。

(2) 外国人介護士との信頼

また、仕事を任せて貰えないと自信をなくしてしまう外国人介護士もいるかもしれない。今、出来る事だけやらせるのではなく、将来的に彼女達に仕事を任せ指導していく事も必要である。外国人介護士の中には介護技術も取得していて、勤務態度がまじめな人々も多い。ただ、日本語の能力が問題となり、一定の責任ある業務を任せられないこともあるかもしれない。

このような場合には、しっかりと外国人介護士に説明していくとこが重要である。主任や介護長が、適宜、コミュニケーションをとりお互いに理解していくことが重要である。日本人スタッフに対してもコミュニケーションがとれていない職場も珍しくなく、このような上司であれば、外国人介護士の受け入れは難しいのではないだろうか。

4 長期休暇の問題

(1) 長期休暇（9連休）を与えない日本の介護現場

外国人介護士は、帰国のことを考えれば、長期休み（正月等）を取得したいのが当然であるが、日本の多くの介護現場では休暇の期間が短い。特に、休暇を取る際に「嫌な」顔をする上司も珍しくない。筆者の前職場では、一定期間の休暇で帰国は出来ていたが、外国人介護士はその期間が十分ではないと感じていた。

日本人スタッフが長期休暇を取ることができないため、外国人介護士に認めるのは難しいという考えである。しかし、帰国するには最低でも9日間は必要である。一般の大企業の会社員が長期休暇を取得する場合、月曜日から金曜日を休暇取得すれば、前後の土日を会わせて9連休となる。どうしても、大企業のほうが年次休暇は取得しやすい（図9－2）。なお、医療・福祉分野の労働者一人あたりの年次有給休暇の平均日数は 8.9 日である[2)]。

図９－２：企業別労働者一人の年次平均有給休暇日数

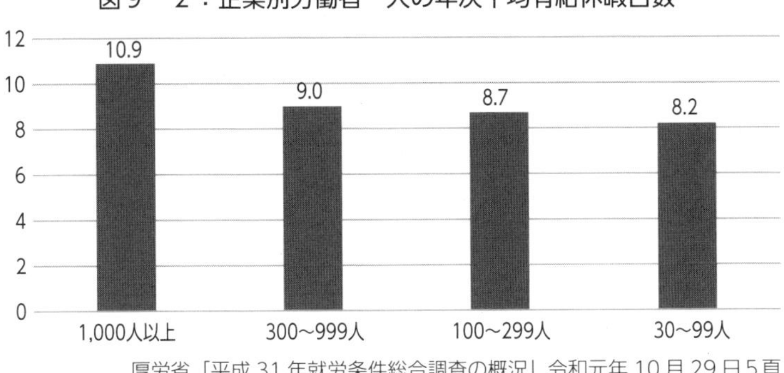

厚労省「平成 31 年就労条件総合調査の概況」令和元年 10 月 29 日５頁

しかし、日本社会においては９連休の休暇を取得できるのは、大企業か公務員ぐらいであろう。まして、不規則勤務でシフト制の介護現場で、９連休といった長期休暇は非常に難しい。せいぜい４連休が限界かもしれない。

このような日本の介護現場の慣習に、外国人介護士の多くは苦労している。そのため、帰国のため長期休暇を優先的に取得しやすい介護現場が、外国人介護士にとっては魅力である。今の介護職場は、そのような配慮がなされているため、筆者としてもユニットリーダとして、心苦しくない。言うまでもないが、福利厚生が充実していることが日本の職場に外国人介護士が定着することが重要である。

なお、医療・福祉分野の年間休日（公休）の平均日数総数の割合は、100 日～109 日間がもっとも多い。公務員などに見られる年間休日（公休）120 日以上は、わずか２割程度である。通常、毎月、土日及び祭日等を考えれば 10 日は休日（公休）と考えれば、年間 120 日以上の休日があってもおかしくない。しかし、日本の全産業の職場はそれ以下である（表９－１）。

表９－１：年間休日（公休）の現状

	年間休日総数階級（%）								1企業平均年間休日総数（日）	労働者1人平均年間休日総数（日）
	69日以下	70～79日	80～89日	90～99日	100～109日	110～119日	120～129日	130日以上		
医療、福祉	－	4.0	4.0	6.2	40.4	24.7	19.4	1.2	109.4	111.5
全産業平均	1.4	3.6	6.3	9.1	34.0	20.5	23.8	1.2	107.9	113.7

厚労省「平成30年就労条件総合調査の概況」平成30年10月23日5頁

(2) ビザ更新のために

また、長年、日本に滞在していてもビザの更新が必要であり、長期休暇とは別にビザの更新で帰国する期間も必要な場合もある。その際にも、人材不足の介護施設では休みが取りにくく、上司に嫌な顔をされてしまう。

しかし、ビザが更新できなければ、日本で仕事を継続することができないため、必要な休暇は取りやすくすべきである。

筆者の前職場では休暇は取る事は出来てはいたが、ビザ休暇も十分とは言えないと感じていた。人材不足の環境が常時あったため、帰国の期間が短く快く休暇を取らせてあげるわけでもなかった。たとえ、末端の現場職員の理解があっても上司の理解が得られないと、同僚として歯がゆい思いをした経験がある。

(3) 日本の悪しき慣習

日本では有給を取りにくい職場が多い。確かに、働き方改革で年間有給休暇は５日間は取得できるようにはなったが、それでもまだである。

外国では有給休暇は、好きな時に好きな期間取得できるのが常識であり、大企業を除いて日本では悪しき慣習といってもいいのではないだろうか。法律上は有給休暇はあるものの、職場の雰囲気で取得しにくい。そういった環境を整えていくことが重要であり、それは外国人介護士にかかわらず、日本人介護士にも同様なことである。

(4) 日本人スタッフの理解

その意味でも、日本人スタッフには、外国人介護士は長期休暇を取得することが重要であり、それを理解していくような上司のマネジメントが必要である。正直、外国人介護士は日本人スタッフとは異なり、それは差別化しても仕方がない。日本人も長期休暇が取れないから、外国人介護士も取得でいないといった論理は間違いである。

そのような考えが介護現場に浸透すれば、結果として日本人スタッフも長期休暇が取得しやすくなるのではないだろうか。外国人介護士長期休暇を取得すれば、日本人スタッフも取得できるようにシフトを組み、場合によっては人員も増やすことを経営者が認めて行くかもしれない。

5 同僚としてできること

(1) 経営者の誤解

日本人であれば、長年働いて介護福祉士の資格を取るには十分な技術や知識はあるが、日本語の読み書きが苦手な外国人介護士には難しい。確かに、数年、日本で生活していると会話での日本語は上達してくるが、やはり読み書きの面では苦手なままという人もいる。

そういった外国人介護士のために、法人としても就業時間後に日本語教育の場を設定することも必要であろう。場合によっては、日本語の勉強は超勤扱いとして割り増し賃金を支払うことも必要かもしれない。

しかし、労働者の環境を整える事も必要だが、慢性的な人手不足によって難しいというのが現状であるかもしれない。そのためにも、経営者や管理者は外国人介護士を受け入れるには、しっかりとした労働環境を整えていくべきである。

人がいないから、安易に外国人介護士と考える経営者がいるとすれば、それは誤解といえる。外国人介護士を受け入れるということは、日本人介護士を育成・養成するよりも、手間や環境をより考えていく必要がある。安易に労働力不足を外国人介護士に依存する経営者は、外国人介護士の定着は難しく経済的にも損するのではないだろうか。

(2) 相談できる同僚がいるか否か

外国人介護士を受け入れるには、日本人スタッフが仕事やプライベートに関わらず相談出来る人が何人いるかいないかで決まる。何か不安な事が出てきた時、気軽に相談（頼れる）出来る人がいるということだけでも、彼（女）たちが安心して働くことが出来るのである。

筆者は、自分がそういった存在になれるように仕事でもプライベートでもコミュニケーションを取る様にした。仕事やプライベートに関わらず、困った事は頼ってくれる関係性を築けたと感じている。

相談出来ない職場では、彼（女）たちの不安を解消する場がなくなってしまい、雰囲気の悪い働きにくい職場となってしまう。そうなると日本の職場への定着には繋がらない。来日しても介護福祉士等の資格を取得して、直ぐに帰国してしまうケースが多いが、そういった背景が大きいと考える。

(3) 外国人介護士はフォローが不可欠

今まで外国人労働者と関わってきた中で、人によって能力に差はあるが、必ずフォロー体制は必要であると感じ、その体制が整っている事は重要であると感じている。

日本の介護現場では、人材不足である場合が多く働きやすい環境作りが難しい。一人の同僚として、プライベートや仕事で彼（女）たちの助けになる事も出来るが、一人だけでは出来ることに限界がある。やはり、職場全体でそういった体制を整えていくことが必要であると感じている。そうでないと人材は育たず定着もしない。これは外国人労働者だけでなく、日本人に対しても同様である。

また、慣れない環境でも勤務態度が真面目で一生懸命な外国人労働者達の努力が無駄になってしまうことにもなる。日本で働きたいという気持ちがあっても、環境が整っておらず働けない（諦めてしまう）という事にもなってしまう。

筆者は、今まで外国人介護士と関わってきた中で、さまざまなことを感じてきたが、今後も、彼（女）たちの同僚であり友人でいたい。彼（女）たちにとって、そういった存在が必要だということもあるが、それだけではなく彼（女）たちと関わり関係性を築いていくうちに、そういった気持ちが強くなったのが正直である[3)]。

そして、彼（女）たちも大切な同僚・友人であると感じてくれていることは、筆者のそういった気持ちをより強くしたように思う。今後、筆者の思いのように外国人介護士をサポートする日本人介護士が増えていけば、外国人介護士が安心して働ける、もしくは日本で生活できる現場が増えると確信している。

注

1）大橋豪「ベトナム人女性が考える『恋愛・結婚』について」『十六アジアレポート 2018 年 2 月号』2018 年 2 月 5 頁　十六銀行法人営業部海外サポート室

2）厚労省「平成 30 年就労条件総合調査の概況」平成 30 年 10 月 23 日 6 頁

3）筆者のこれまでの外国人介護士との関わりの経験に基づく見解

外国人介護士が日本で労働するうえでの課題

本章は、EPAや技能実習生に対して行った、自由記述形式のアンケートやインタビュー（WEB及び取材）をまとめたものである。目的はタイトルの通り、ベトナム人が日本に渡航する前に感じる不安や期待を明らかにすることにより、受入側が事前に対応できることや受入後に対応する際のヒントになればと考えている。また、幸いにも帰国者数名についてもアンケートを行うことができたので、そちらも参考にしていただければと考える。

本章の構成は、まず質問項目とそれぞれの狙いについて説明したうえで、第二にアンケート及びインタビューの回答をまとめ、最後に実際の回答を一部記載する。アンケートやインタビューの対象者はあくまでも一部の学生たちによる回答でしかなく、全ての人に当てはまるものではないことを、ご承知おきいただきたい。

1 質問項目と狙い

(1) 海外で働くなら日本以外にもあるが、どうして日本なのか

近年でいえば、海外労働は日本や韓国が増えてきているものの、一昔前はベトナムからの海外での労働といえば、台湾が最も多かったといわれている。第三章で紹介したHOANGLONG CMS社も送り出した総数のうち2万人ほどは台湾に送り出していることからもその事情が窺える。また、ドイツも介護職での募集があり、日本以外にも海外での労働の選択肢は多くある。その中で日本を選んだ理由を明らかにする。

(2) 他にも仕事はあるが、なぜ介護（またはEPA）を選んだのか

日本での介護職を希望する場合、留学生、技能実習生、EPA、介護

専門職と4つのパターンがある。多くの場合は、卒業後間もなく技能実習生やEPAを選択しているが、看護師や他の仕事もある中で、なぜ技能実習生やEPAを選んだのか。加えていえば、なぜ技能実習生やEPAを選ばなかったのかについて、明らかにする。

(3) 日本に行って何が得られると考えたか

日本での就労中に、介護の技能、知識、経験やお金、その他にも人脈など様々なものが得られると考えられる。最も求めているものは何かこの質問で明らかにしたい。大志を抱いて日本に来るのか、経済的な理由でやってくるのかで、仕事をするうえでのモチベーションに大きな差が出ると考えられる。

(4) どうして「それ」が必要なのか

お金や技能を取得しても、今後それを何かしら役立てる予定であるのか、単に出稼ぎとしてやってきているのか、将来の夢に対して20代の数年間を費やしてでも得たい何かがあるのか、彼（女）らの動機に迫る。

(5) 日本で働くことに関して何か不安はあるか

ベトナムと日本は似た文化であるという話をよく耳にするが、年上を敬うなどの儒教的価値観については、似た文化であるものの、商習慣や時間厳守、「和」を乱さない、整理整頓などは日本と異なる価値観を有しているといえる。また、日本における「いじめ」や外国人差別という話もベトナム語で情報が流れていたりする。また、日本語そのものを含め、渡航、就労に関してどのような不安を抱いているのかを明らかにし、受入側はそれらで必要と思うものを解決する仕組みを設計する必要がある。

(6) 日本に行ったあと、どんなサポートをしてもらいたいか

上記（5）の不安に対する彼（女）らのしてもらいたいことは何か。仕組みとして解決できるものもあれば、個人の努力によって解決すべき問題もあると考えられるが、見知らぬ地に言葉などの壁がある中で働きに来たものをサポートする体制があれば、彼（女）らも気持ちよく働けることは間違いないであろう。

(7) 将来の夢や目標は何か

日本の就職活動でもありがちな話ではあるが、やりたいことと現在行おうとしていることが一致しているかは、モチベーションの維持、向上において非常に意義のあることである。そのため、質問を通じてどのような夢があるのか、明らかにする。

＜帰国者アンケート（EPA のみ）＞

(1) 帰国理由は何か

腰痛などの身体を含めた体調不良や、結婚、あまりあって欲しくはないが人間関係による問題など、帰国理由を確認した。

(2) ベトナムに戻ったあと、EPA や日本での経験が役立っているか

技能実習生も EPA も、制度の目的としては技術移転が少なからず含まれるため、日本での経験がベトナムに帰国後も役立っているかを確認した。

(3) 現在はどのような仕事をしているか

やむを得ない理由で帰国した人たちではあるが、日本で得た知見を活かせる職業についているか、確認した。全く関係のない職種であった場合、その職種についての事情にもよるが、日本での就労経験や制度として見直すべき点があると考えられる。

(4) チャンスがあれば日本で働きたいか

やむを得ない事情が解消され、再び日本で就労できる機会があればそれを望むのか、あるいは、もう二度と訪問したくないのかを確認した。日本が嫌いになり訪問すら希望しないような状況は、職場環境か制度設計に見直すべき点があるはずである。

2 アンケートまとめ

自由記述形式のアンケートを行い、筆者なりに整理しまとめた内容を述べる。必要があれば、技能実習生と EPA とで回答にどのような差があったかを記す。

(1) 海外で働くなら日本以外にもあるが、どうして日本なのか

今回のアンケートで最も多かった答えは、日本が発展している国であり、介護技術も同様に発展している点であった。次に多かったのは、日本（の伝統や文化、アニメ）が好きという意見であった。

他にも、ヨーロッパと比べれば日本は距離も近く、体系も近いため身体的な負担が少ないことや、すでに知人が日本で就労しているなどの回答があった。

(2) 他にも仕事はあるが、なぜ介護分野の技能実習生（または EPA）を選んだのか

技能実習生の回答：

少しでも早く日本に行って、親に仕送りをしたいという回答が多かった。また EPA 自体を知らないという学生もいた。友人に紹介され研修所に入った学生もいた。

EPA 参加者の回答：

制度設計がよいとの回答が最も多く、主たる理由は、寮費や食費が無料なうえに、1 日 8.5 ドルの生活費が支給されるためであった。

中には、留学や技能実習生を考えていたが、費用が捻出できないため、無料の EPA を選んだとの意見もあった。

他には、両国政府の支援に基づくもので信頼性が高く、高い日本語レベルになれるからという意見があった。

(3) 日本に行って何が得られると考えたか

日本人の考え方や働き方、業務効率など仕事面で得られる知識や経験を求める学生が最も多く、次いで、収入面の話が多かった。収入面の話の多くは、親や家族への仕送りをしたいという理由が多く、まさしく出稼ぎのために来たといった内容であった。

(4) どうして「それ」が必要なのか

ベトナムが発展するために、一人一人の考え方や働き方が重要だという意見があり、病院などで体を痛めない方法などを日本で学びたいという意見があった。基本的には、ベトナムや家族がより発展し、幸せになることが念頭にあり、そのために日本で学ぶ或いは働く意識が強いといえる。

筆者もベトナムで生活していて度々感じることではあるが、愛国心や家族への愛が非常に強く、そのためには苦労も厭わないという考え方の人が多くいると感じた。同様に家族の苦難については、すぐに解決を図ろうとする意識も強く、職場環境に馴染めないだとか、精神的、肉体的に辛いなどがあれば、すぐに転職や帰国を促す家庭も多いように感じる(あくまでも筆者の感想であり全てではありません。)。

(5) 日本で働くことに関して何か不安はあるか

最も多かった回答は、日本語であった。その理由として、コミュニケーションが円滑にできなかったときや、言いたいことがわからなかったときに、周りに迷惑をかけてしまうという理由が見受けられた。

その他にも、慣習や習慣、文化という意見があった。具体的には、直接的な表現を控えるという慣習面や、路上にある草木や果物を取ってもいいのかという文化面が示されていた。

ベトナムでは、路上にある草木や果物を取って食べることは比較的よくあることで、それを咎める人もいない。

(6) 日本に行ったあと、どんなサポートをしてもらいたいか

やはり日本語のサポートを求める声が最も多く、無料で学べる日本語教室の紹介などを求める声があった。次いで、税務や保険、交通、生活面、病気、天災時など、困ったときのサポートを求める声が多かった。他には仕事面でのサポートという回答も見られた。

筆者もベトナムでの生活を始めたころは、どこで何が買えるかもわからなかったため、周りのサポートなくしては何もできなかった。特に交通面は最も利用するにも拘らず、わからないことが多く、最初の頃は危なく事故にあいそうなこともあった。また病気の際も異国の地で言葉も

不自由であったため、症状を伝えることすら困難であり、だいぶ大変な思いをした記憶がある。慣れれば自立して行動できるが、最初の１～２回はどうやれば何ができるかを付き合ってもらえたら、彼（女）らも安心して生活や仕事ができると考える。

(7) 将来の夢や目標は何か

技能実習生の回答：

国家試験合格を目指すという意見は一つもなく、帰国後にベトナムの介護施設で働くことや、通訳者になりたいなどの意見が多かった。中にはレストランの社長になることや歌手になりたいという意見もあった。

EPA 参加者の回答：

ほとんどが国家試験合格を目標としており、日本での長期就労を想定しているように見受けられた。中には、国家試験合格後はすぐに帰国してベトナムで働くという意見もあった。その他には、日本語講師や通訳翻訳者になりたいという意見もあった。

EPA は、研修中もその後も、国家試験合格について常に話しているため、全体的にその意識が強いように感じた。一方で、技能実習生は、やはり３年という期間で貯めるだけ貯めて、ベトナムに戻ってからやりたいことをするという考えが多いように思えた。

＜帰国者アンケート（EPA のみ）＞

(1) 帰国理由は何か

結婚のため帰国したという理由が大半を占めていた。

ベトナムの結婚事情であるが、高校や大学を卒業して１年から２年以内には結婚する人たちが多く、日常の会話の中でも「結婚してる？」や

「いつ結婚するの？」などのやり取りが多い。このような会話は現代の日本ではハラスメントで訴えられそうな状況ではあるが、ベトナムでは年齢や収入など何でもオープンに質問する文化がある。

(2) ベトナムに戻ったあと、EPAや日本での経験が役立っているか

日本語ができることで、仕事の選択肢が増えているようで、日本での経験が現在の仕事に役立っていると全員から回答があった。

(3) 現在はどのような仕事をしているか

技能実習生に日本語か介護を教えている人が多く、正しく日本での経験が活かされている状況である。

日本にいたときに比べれば、給料は下がっているようではあるが、ベトナムで生活するうえでは十分な給料となっている。

(4) チャンスがあれば日本で働きたいか

全員チャンスがあれば戻りたいとの意見であったが、現実的に家庭の事情等で渡航ができない状況にあるようだった。また同じ介護職をやりたいかという話もしたが、別の仕事を希望する人もいた。

3 アンケート及びインタビューの実際の回答（一部抜粋）

(1) 海外で働くなら日本以外にもあるが、どうして日本なのか

- 日本語と日本の文化に興味がある。
- アニメが好きで、そして1年間集団学習でも生活支援金をもらえるから。

・他の国より日本はベトナムと仲がいい、文化も似ている。
・来日した友達がいて、日本について調べたからトライしたい。
・気候、人間、慣習風俗の一部はベトナムと似ているので、日本に来たら、新しい何かを発見し、体験しながら、アジアの親しみを感じます（日本に慣れないなら、簡単にベトナムに帰れる）。
・日本国が好き。
・日本語が好き。日本語は優しく甘い感じ。
・ドイツのEPAに行きたかったけど、条件を満たさなかったので日本を選びました。
・日本の伝統や空気が大好きです。
・姉の元の上司に感謝したいからです。彼は姉が好きな仕事を与えて、姉は、出勤する前に日本語を勉強して、日本について調べていた。そして、日本が好きになって、その好きな気持ちを私に伝えた。そのため、私は日本語を勉強し始めて、日本人の先生たちに会った。先生たちは、自分の子供みたいに優しく教えてくれた。そのため、私は徐々に日本に行きたくなった。
・大学で看護学部を卒業した。日本の介護技術は発展しており、看護にも近い分野であるため、介護を希望した。日本やベトナムの病院で働くときに、介護技能実習生で得た知識が役立つと思った。
・日本では介護施設がたくさんある。ベトナムはまだあまりない。施設で日本語や介護技術を勉強して、長期間働きたい。
・日本の介護技術が進んでいること、また日本人の働き方を学びたかったから。
・発展している国であり、介護技術も発展している。他国に行くのも考えたが、日本が適していると思った。
・文化が近く、住みやすく生活しやすいと考えたから。

・日本の介護技術が高く日本が発展している国だから。

(2) 他にも仕事はあるが、なぜ介護分野の技能実習生（または EPA）を選んだのか

技能実習生の回答：

・大学でお金がかかったので両親に仕送りをしたい。そのため、留学などではなく仕事である技能実習生を希望した。EPA は知っていたが、試験があり合格する自信がなかったので、技能実習生を選んだ。

・EPA は知っているが、日本に行くまでの期間が長く、また終了後渡航までの時間も空くため、すぐに日本に行ける技能実習生を選んだ。日本で長く働きたい。

・EPA は知らない。友人にこの研修所を勧められたからここにした。

EPA 参加者の回答：

・制度がよくて、自分に相応しいと思うから。

・このプログラムは厚生労働省により運営されているので、信頼性が高いし、それ以外に他のプログラムにない利益もあります。例えば、無料で日本語を勉強することができ、毎月生活費をもらえる、EPA の上手な教師により訓練される。

・EPA は両国政府間の協力プログラムのために、参加することに保証することができ、安心します。また、日本での生活や仕事に適応するために、日本語研修や日本文化を一定のレベルまで育成されることができます。実習生プログラムは、主に日本語レベルを N4 まで勉強したら日本に行くので、生活と仕事はおそらくもっと難しいでしょう。EPA の報酬制度がよいため。少なくと

もN3に合格しなかった場合でも、月額手当が支給されます。それは出勤の様です。

・日本に留学したかったのですが、家族が経済的な理由により行かせてくれません。そのため、EPAに参加しました。このプログラムは無料だからです。

・私がEPAプログラムに参加しているときは、お金を払う必要はありませんし、無料で学び、無料で食べることができます。毎月、追加の生活費も受け取ります。

・日本語だけではなく、文化や日本での生活なども無料で教えてもらって、特別なのが毎月給料も得ます。

・以前は実習生になることを選択していましたが、そのときは介護の実習生に許可がありませんでした。待機が必要な場合、家族から資金援助はありませんでした。なぜなら、その時、私の両親は私が日本に行くことを許可したくありませんでした。私は本当に行きたかったですが、私は行くのに十分なお金を稼ぐことができません。EPAのおかげで、夢を実現することができました。お金を使う必要がなく、家族に負担をかけなく、自分自身の強さによります。

(3) 日本に行って何が得られると考えたか

・日本語が上手になり、収入もよい。

・日本人の考え方と働き方を身につけると思います。

・スキルを獲得し、自身と家族のためのより多くの収入があります。

・EPAで日本に来た場合、最初に約2ヶ月間日本語と専門のトレーニングを受け続けるので、これは仕事を始める前に日本語と専門を学ぶよい機会であり、さらに初めて日本に来た時期なので、すべてが新しいので、仕事のプレッシャーなしにゆっくりと日本に慣れることができました。次に、日本に来て仕事をすることは、先進的で現代的な環境で働くときに学習し、自分に挑戦する機会であり、多くの新しいことを経験し、成長するのを助ける機会です。日本に来ることは、日本語を勉強し、改善するよい機会です。そして最後に、日本での仕事は困難で難しいかもしれませんが、見返りとしては、正当な給与を得ることができ、自分の面倒を見たり、家族を助けたり、夢を実現するために貯蓄したりすることができます。

・好きな言語でコミュニケーション能力を高めます。日本の多くの美しいシーン、文化、よいものを体験します。お金を節約して、必要なときに家族をサポートし、将来自分の世話をする。

・日本の働き方を勉強することができると思います。

・便利で先進国での生活を体験させてください。介護だけでなく、日本語のスキルを向上させます。両親や家族のためのサポートがあります。

・介護技術が学べること、介護の方法が身体を傷めない方法であること、将来、帰国したときに役立つと思った。

・働き方、日本人の習慣や文化、ルールを守ることなど様々なことが学べると考えた。

・作業効率がよく、難しいことでもこなしている。また、将来親や親せきに介護が必要になったときに、正しく対応できるよう知識が欲しかった。

・介護知識を習得できることに期待している。ベトナムも将来は老人が増えるので、日本の技術を学びたい。

(4) どうして「それ」が必要なのか

・母国が発展するために、一人一人の考え方と働き方次第だと思うから。

・日本に来たときに手に入れたものですか？もしそうなら、それはよいことだと思いますし、若い頃に自分自身を体験し、挑戦し、訓練することは学ぶ価値があります。

・多くの知識を持ち、後で帰国するのに役立ちます。

・日本語が上達したら生活も仕事も少し楽になると思います。

・私は家族を愛しているので、両親に最善を尽くしたいと思います。私は年を取る前に自分自身を向上させる必要を感じているので、成長するための経験をします。

・ベトナムに帰ったら病院で働きたいため、身体を傷めない方法など入院患者の対応に役立つと考えた。また日本での経験そのものも病院勤務で役立つと考えたから。

・ベトナム人はルールをあまり守らないため、あまり自分の価値観に適していない。また日本で長く働きたいため、日本の習慣や文化を学ぶことが重要だと考えたから。

・正しい看病方法を学びたい。各作業や手順の流れを知りたい。

・日本はベトナムと比べると何でも一生懸命にやっている。その姿勢を学びたい。

・知識があれば、それを人と共有できる。共有できることで全体のレベルが上がるので私はそれが嬉しく思う。

(5) 日本で働くことに関して何か不安はあるか

・家族から遠い。

・異なる文化。日本語は難しいです。

・日本に行くことを決心したとき、私が直面する可能性のある困難について学び、挑戦する準備ができていたので、あまり心配していなかったかもしれませんが、唯一の心配はおそらく日本語が上手ではなかったことです。生活や仕事の中で、相手が何を言っているのかわからなくて、コミュニケーションが取れず、理解していないと大変です。だから私は日本語が私の心配です。
・介護士は体を使う仕事です。重い物を持ち上げることによる背中の痛みが心配です。
・仕事が大変なことと日本人の日本に住む外国人に対する差別
・日本人との関わりのシチュエーションの処理
・心配なんてありません。
・日本語、対人スキル、職場環境、および同僚関係
・習慣の違い。生活とかなれない環境が最初は心配。それ以外だと日本人ははっきりと言いたいことを言わないので何を考えているかわからないから心配
・自分は関西の施設へ行く予定であるため、発音や聴解が心配である。また、自然災害（特に地震）があり、それが心配。
・周りに誰も日本に行った人がいないため、言葉などが心配。また習慣の違いが気になる。例えば路上にある草や果物を取って食べてもいいのかわからない。
・初めて行くため、わからないことが多い。生活、仕事、言葉などうまくできないことを心配している。
・文化の違いがある。料理の味や食べ物の違いがある。
・仕事に慣れないときに失敗して怒られないか心配。また日本人はルールに厳しい。覚えていなかったとき、わからないときどうしたらいいか心配。病気の時にどうしたらいいかわからないから心配

(6) 日本に行ったあと、どんなサポートをしてもらいたいか

・何か困る時にはいつでも相談に乗って欲しい。

・日本語、専門、税金、保険、宿泊施設、交通機関に関する学習を支援して欲しい。

・学習をサポートし、問題があるときに一緒に問題を解決する。

・仕事における熱心な指導と生活におけるサポート。

・仕事と生活と国家試験の勉強のことをサポートしてくれたら助かります。

・病気の時や困る時、手伝って欲しい。

・日本語、生活環境を改善し続ける、仕事や健康に問題がある場合サポートが欲しい。

・日本語を無料で学べる環境が欲しい。聞いた話によるとボランティアによる日本語教室があるそうなので、そういうのに参加して日本語力を向上させたい。

・普段の日用品や家具類などをどこで買えばよいかわからない。

・日本に友達がいるので、どんなものが必要かはあまり心配していない。でも習慣や文化の違いの溝を埋めたいから、文化交流会などがあったら参加したい。

・できないことやできていないことなどがあれば丁寧に教えて欲しい。どうやったらミスを減らせるか等、働く上での基礎基本を覚えたい。

・日本の文化紹介や生活のルール（公共交通機関の乗り方、ゴミの処理、交通ルールなど）

・悪い出来事（犯罪や事故、天災等）にあった時、どうしたらいいか。また、いじめとか心配

(7) 将来の夢や目標は何か

技能実習生の回答：

・日本の介護施設が将来ベトナムに支店を出したらそこで働きたい。
・N1を取得し、通訳者になりたい。
・結婚しているため、３年後帰国しベトナムで介護の知識とか技術、経験を後輩たちに伝えたい。
・ベトナムで介護の仕事をしたい。
・翻訳（通訳）者になりたい。
・歌手になりたい。
・レストランとかの社長になりたい。
・通訳者になりたい。

EPA参加者の回答：

・上手な通（翻）訳者になりたい
・国家試験に合格し、日本に永住権をもらいたい。
・日本人介護士または国民介護士の資格、N1証明書を取得し、約３～５年後ベトナムに戻って働く。
・日本人のように日本語でコミュニケーションが取れるようになることを目標に、国家資格を取得します。
・国家試験に合格する。
・日本語教師になる。
・国家試験に合格したいです。
・国民資格を取得すると、両親を日本に連れて遊びに行くことができます。日本語のコミュニケーションがよくなります。

<帰国者アンケート（EPA のみ）>

(1) 帰国理由は何か

・結婚のため帰国。

・夫のビザが下りなかったため、帰国した。

(2) ベトナムに戻ったあと、EPA や日本での経験が役立っているか

・ベトナムに帰国してから、私は学んでいたこと（日本語と介護経験を含む）を介護実習生（日本に行ったら私と同じ仕事をする予定の人たち）に役立てています。

・現在介護実習生に日本語を教えている。そのため、EPA と日本での経験は実習生たちに役に立っている。

(3) 現在はどのような仕事をしているか

・現在、私は日本語教師です。

・技能実習生に介護の技能を教えています。

・介護先生。今給料は日本で働いた給料に比べて少し減ります。

(4) チャンスがあれば日本で働きたいか

・ベトナムでの仕事環境は日本のようにプロではないので、機会があればまた日本に行って働きたいです。

・戻りたいけど家族の状況で行けない。

・戻りたいですが別な仕事でチャレンジしたいです。

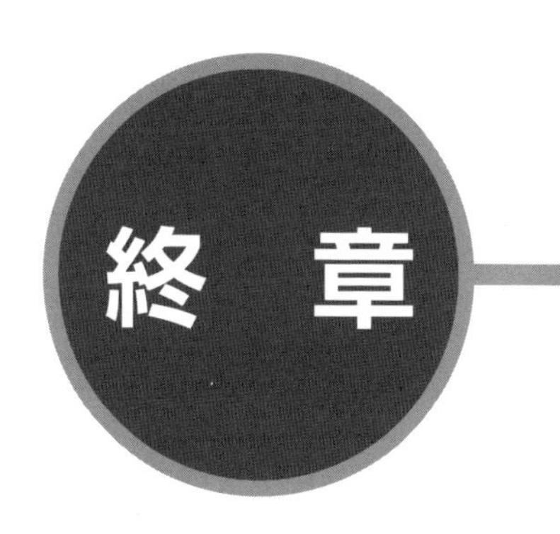

終章　外国人介護士を受け入れる ～その可能性と限界～

1 深刻化する介護人材不足

(1) 景気に左右されない介護労働市場

これまで述べてきたように日本の介護人材不足は、慢性的な状況となっており社会問題化している。かつては景気動向に左右され、日本経済が大不況下に陥ると失業率が高くなり、介護分野の有効求人倍率は1.0%弱で推移する時期もあった。

しかし、もはや景気動向に関係なく慢性的な介護人材不足となっている。実際、第1章で述べた別のデータである季節調整済有効求人倍率(新規学卒者を除きパートタイムを含む)では、2020年7月時点で1.08倍であったが、介護関係職種は3.95倍と高い水準であったことでも明らかだ。

介護は対人サービスを基本としていることから、人材を確保することが絶対条件である。確かに、ICTや介護ロボット機器の開発など、一部、1人の介護職員の負担が軽減されることで、それまで10人でこなしていた業務が9人で可能となる側面も期待されるであろう。

しかし、厚労省資料によれば団塊世代が全て75歳以上となる2025年には、さらに約30万人以上の介護職員が必要とされている。その意味では、ICT等の開発もしくは外国人介護職員の活用の成功、そして、新たに多くの日本人介護職員が必要とされることに変わりはない。

(2) 長期的に必要とされる介護人材

超高齢化社会の到来により、要介護高齢者が急増していく社会背景によって介護保険制度に要する財源確保が重要とされるものの、それ以上に介護人材確保が最重要と筆者は考える。

ただ、少子化によって限られた日本の労働力を介護分野に誘導していく施策にも限界がある。そこで、外国人介護士に一定程度協力を求め、今後、必要とされる介護人材の確保に努める議論がなされている。

2 介護人材不足の背景

(1) 6つの要因

筆者は、介護人材不足の背景には、ブラック企業の議論は別として大きく以下の6つに問題を絞ることができると考える。①賃金水準の低さ、②職種としての負担、③社会的イメージ（社会的評価）、④生産年齢人口の減少、⑤要介護者及び家族のモラルのなさ、⑥介護現場の指導力・養成力の欠如。

これらの①～④に関しては、介護事業所としても一定の改善策は可能ではあるが、どうしても財政的・政策的側面があり限界はある。しかし、⑤～⑥に関しては、人事マネジメント力の向上や経営者努力により、問題解決は充分対応可能であろう。当然、外国人介護士の人事マネジメントも⑤～⑥が重要である。

むしろ、経営者及び施設長らは自らのマネジメント力不足に気づかず、介護人材不足の問題を①～④のみにして、見過ごしている可能性もある。

(2) 人間関係の問題

介護職員は女性のほうが男性より割合が高いため、結婚や出産で辞めてしまうことも多い。当然、介護職が「定着」しない大きな理由に、「職場の人間関係」「法人・事業所の理念が合わない」といった、精神的な側面は大きい（図終－1）。特に、「人間関係」の問題は、介護現場に限らず全産業の大きな課題となっているものの、明らかに介護人材不足の大きな理由の１つである。

図終－１：介護職を辞めた理由（複数回答）

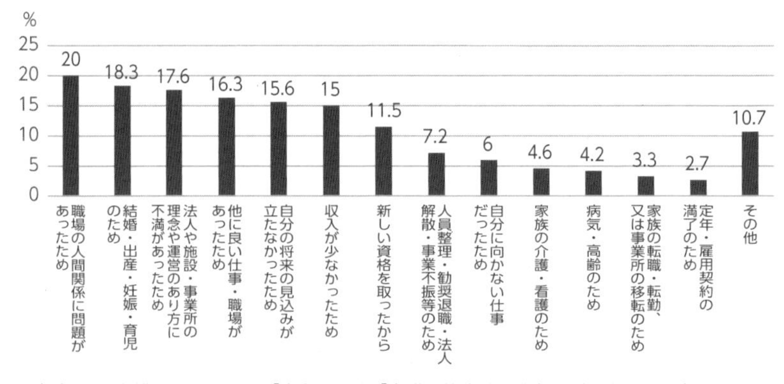

（公）介護労働安定センター「令和元年度「介護労働実態調査」の結果」2020 年８月７日

例えば、20 歳代の介護未経験者の新人職員が、A 介護士から「排泄介助」「食事介助」「入浴介助」などの指導を受けるとしよう。当然、介護現場はシフト制であるから、B 介護士も新人への指導を行う。仮に、A 介護士と B 介護士が、あまり仲がよくなく、当該介護施設に統一された「新人教育マニュアル」がないとしよう。

当然、各先輩職員が独自の介助法を新人に教示すれば、その新人職員はやりやすい介助法で業務に携わるに違いない。そして、A 介護士の介助法で仕事をしたとしよう。そうなると教示した B 介護士は、「今度の新人は、しっかり教えたのに A 介護士のやり方を選択した！」と、新人職員は何も知らないまま、B 介護士との関係が悪くなってしまう可能性が高くなる。

また、筆者は「法人や施設・事業所の理念や運営のあり方に不満があったため」という理由にも注目する。介護が対人サービスであるため、経営者や施設長らの「介護哲学」が、介護職員らに理解が得られなければ、人材の「確保・定着」も難しい。

(3) 対利用者による対応も含め

認知症高齢者や問題を抱えた家族対応においても、しっかりとチームで対応できる介護現場では、魅力ある職場に寄与する。実際、病気とはいえ認知症高齢者に「怒鳴られる」「殴られる」といった暴力被害を受ける介護職員も見受けられる。そのようなケースにおいては、１人の介護職員が悩まずにチームで対応できる環境を築けるか否かで、働く介護職員も安心して業務に携われる。

また、高齢者による「セクハラ」問題においても、しっかりと組織で対応できるかで、その介護現場の真価が問われる。仮に、利用者から若い介護職員が「お尻」を触られるなどの「セクハラ」被害を受け、若い介護職員が上司に相談したとしよう。

本来であれば、相談を受けた上司は直ぐに対応しなければならないはずだが、「暫く様子を見よう」として、「誰でもプロの介護職員として成長するのだから！」といった感覚を抱いていたとすれば、このような上司は意識せずに「二次的加害者」となってしまう。

(4) 中間管理職がカギ

実際、優れた中間管理職やリーダーがいる介護現場では「離職率」も低く、人材不足に困っていないケースが多い。しかし、40歳前後～50歳代が大半を占める介護現場の中間管理職は、人材マネジメント力に欠ける者も少なくない。中途採用は別として、これらの中間管理職が介護業界に入職した20年前は、介護現場の有効求人倍率も0.5倍前後で推移していた。しかも、今の30歳未満と、40歳前後以降の世代間ギャップも大きい。この10年から20年の年代差では「価値観」も大きく違っている。

多くの中間管理職層の若い時期には、先輩から叱られながら「介護」を教わり、先輩の後ろ姿を見ながら仕事を覚えるのが常識であった。しかし、現在は「ハラスメント」問題も浸透し、かつての20年以前の新人教育は現代では、明らかに「ハラスメント」として認識されるに違いない。今の教育・養成法は、「褒めながら育てる」といった指導者の忍耐・寛容性が問われる時代だ。

また、老人保健施設においては、特別養護老人ホームとは異なり、理学療法士、作業療法士、看護師、医師といった医療職とのチームワークが、より介護職員に求められるため、このような人事マネジメントをしっかり踏まえた中間管理職がいるか否かが焦点となる。

魅力ある介護職場には、自然と介護職員たちが働きやすさをアピールして他の事業所から職員を呼び寄せるといった事例もある。多くの介護職はストレスを抱えているため、中間管理職が、これらを緩和させていくうえでの「アドバイス手法」「相談技法」「人事マネジメント論」などを修得して、実践している介護職場は「魅力ある職場」として認識され人手不足とはなっていない。

(5) 石の上にも３年は古い

現在、「第二新卒」と呼ばれる20代後半までは「新卒」に準じられ転職は全くハンディとならない。よく「今の若者は、すぐに辞めてしまう！『石の上にも３年』、頑張らねば」と、小言をいう中間管理職がいる。しかし、この認識は古く、「転職」が常識化されている現代、「石の上にも３ヶ月」ぐらいの認識が必要である。いわば、「離職」するケースは、「離職」される側に問題があるのかもしれない。

筆者も社会福祉学科で、介護・福祉職の養成に携わり14年となるが、これまでの卒業生の声をもとに、「チェックリスト」を作成し（表終－1）、就活などに活かして欲しいとアドバイスしている。学生には20項目中、10項目以上当てはまらない介護事業所は慎重にと話している。

このチェックリスト項目は、外国人介護士へのマネジメントにも応用が利くと考えられ、言葉の問題もあるため日本人介護士よりも、きめ細かな配慮が必要である。

表終－1：安心して卒業生を送り出せる介護事業所チェック20項目

1	ブラック企業か否か？
2	毎年、新入職員の同期がいるか（同期研修があるか否か）？
3	1年目職員のチューター（トレーナー制度）があるか？
4	職員への認知症・介護技術研修を、しっかり実施しているか？
5	利用者（要介護者）の「人権」に関する研修を実施しているか（虐待防止研修など）？
6	介護事業所の理念・哲学をしっかり職員に示しているか？
7	定期的に管理職及び職員にパワハラ・セクハラ研修を行っているか？
8	事業所内で中間管理職の指導者研修を実施しているか？
9	組織で介護福祉士などの資格取得のための研修支援を実施しているか？
10	賞与が年2回必ずあるか（年俸制は年収）？
11	資格手当・定期昇給はあるか？
12	希望休・有給休暇を、若い職員に優先して取らせる職場の雰囲気か？
13	ステップアップの道筋を示しているか？
14	組織的に職員のメンタルケアの仕組みがあるか？
15	職員と施設長・所長との面談が定期的にあるか？
16	職員と中間管理職との面談が定期的にあるか？
17	年間休日（公休）が少なくとも110日以上、もしくは120日あるか否か？
18	介護離職率の現状はどうか（定着率）？

19	人材派遣会社・人材紹介会社に依存していないか？
20	組織的に、常時、管理職がリクルート活動を行っているか？

筆者オリジナルで作成

3 ドイツの介護事情

(1) 外国人介護士があたりまえ

外国人介護士について参考となる国としてドイツが挙げられる。筆者は、同じ介護保険制度を用いているドイツの介護事情を理解するため、これまで10回程度訪独して介護現場の方々から話を聞いている。それによると、日本における介護施設にあたるドイツの施設でも、ドイツ全国で慢性的な介護人材不足となっている。

ただし、かねてよりドイツは移民政策を打ち出しており、外国人労働者の受け入れを産業を問わずに行ってきた。その一環で、人材不足が深刻化している介護現場において、多くの外国人介護士（ドイツ人ではない）が雇用されている。

筆者がこれまで視察した約10か所の介護施設全てで、施設職員のうち３割以上は外国人介護士が働いていた。外国人労働者を積極的に受け入れている国内事情において、外国人介護士が占める割合が３割以上であっても違和感はないものの、ドイツ人による介護労働市場への魅力が低下している危機を、全ての施設長らは深刻に受けとめていた。

(2) 2020年２月の介護現場視察

①ミュンヘン近くの介護施設

筆者はプロテスタント系の介護施設を訪ねた。ここは、認知症施設、元気高齢者施設、介護施設といった３種類の施設が同一敷地内にあり介護サービスを提供している。介護保険サービスを利用している人もいるが、利用していない高齢者も少なくなかった。

筆者が視察した介護施設

ここで働くドイツ人ではない介護スタッフは、50％以上に上り有資格者でドイツ語も堪能であるという。ドイツ人にとって介護職は不人気であり外国人介護士が主力となっている。コソボ、ボスニアなど東欧諸国のスタッフをはじめ、ネパールなど23か国の外国人スタッフが働いていた。

ここの施設は「回想法」を取り入れて、いたるところにアンティークを置いている。入居者は、昔のことは覚えているため、精神的に安定してもらえることを目的としている。そうすることで、高齢者同士の会話もはずむそうだ。施設全体に昔のモノを置くことで、自然と高齢者も落ち着くという。なお、看護師、介護職員の服装は、すべて同じで分けていないという。また、ボランティアを積極的に受け入れているという。

アンティーク

介護度が高い人が入居しており、個室と２人部屋がある。個室のほうが待機者は多いという。ベッドでの生活を基本に想定した部屋となっている。介護スタッフもスマートフォンを持参して、ナースコールにすぐに対応できるようになっているそうだ。介護保険を利用しても、トータルで毎月 20 万円程度の自己負担が生じるようである（食費など）。

(3) 認知症介護施設

①高齢者住宅に似た施設

次に、労働組合組織が事業を展開している認知症専門の介護施設を訪ねた。ここの介護施設は、老年医学を重要視し認知症に特化している介護施設である。介護士は、約７割がドイツ人ではなく、東欧諸国、アジア、北アフリカなどからきている。

ドイツでは外国人が働くには、一定の語学能力を有していないといけないので、ドイツ語に関してはかなり上達している。それらの費用は、ドイツ政府が負担している。移民政策をとっているドイツの特徴であろう。

日本の場合、外国人もしくは施設側が資金を出すので、どうしても語学研修が充分ではない。よくてN3であろう。ドイツでは全て、N2（B2）レベルの語学力まで修得して働くことになっているようだ。メキシコ、バルカン諸国、ウガンダなど多くの国から来ている。

介護施設の建物

② 110名の入居者

この介護施設は、110名の入居者がいる。そして、デイサービスとして1日12名を受け入れている。ドイツの法令では、職員の50%以上は介護士の資格がないといけないと施設運営基準で決まっており、外国人介護士も有資格だ。

特に、20名は徘徊認知症高齢者のフロアで、重度の認知症高齢者である。日々徘徊している高齢者も多い。そのため、食事を多くとっていても、かなり痩せており、動いていることが多いという。

介護施設のフロア

③待機期間は３か月から半年

本人の症状にもよるが、申し込みから３か月から半年で入居できるようだ。介護保険を利用しても、自己負担は総額 20 万円程度である。自分の年金や家族の負担で賄うのが通常であり、それができない場合は、生活保護で補てんするという。

在宅介護が一般的であるドイツでも、介護施設の入居を希望する家族などはいる。特に、認知症高齢者などは徘徊があるため、家族、在宅ヘルパーでの介護では難しい場合があるため、施設入居を希望する。月に２回、老年医学の認知症専門医が来て診察してもらい、介護スタッフらとも担当者会議をしているという。やはり、認知症介護は、それなりの介護力が必要であり、人権を尊重しながらケアしているということであった。

施設責任者の方によれば、外国人介護士の養成・指導なども、常に研究しながらマネジメントしているという。

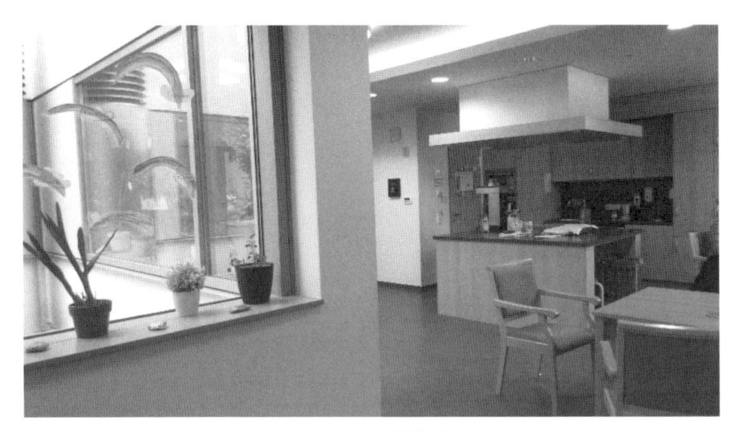

ユニットの風景

(4) 在宅介護の現場

①一人暮らしの元気高齢者

80歳一人で暮らす、Aさんの家を訪問して、一人暮らし高齢者の事情を聴く。Aさんは、20年以上この家で暮らし、旦那さんが亡くなり、母親もこの家で看取ったという。息子は、遠くに住んでいる。本人は、できる限り在宅で一人暮らししたいが、時々、高齢者住宅などを見ているという。

掃除、洗濯、食事づくりは自分でやっており、庭の手入れも自分でやり、週1回、ヨガや友人とのお茶会など、積極的に外に出ているという。毎日、散歩、体操などを欠かさず、自分で健康管理を心掛けているようだ。

やはり、一人で暮らしていると、自分で心掛けていかないと、健康は保てないという意識を持っている。周りの友人も亡くなっている者が少なくない。そのため、できる限り在宅で暮らしたいが、介護が必要となったら、いろいろ考えているという。散歩や買い物も自分で行っているため、たいへん若さを感じた。

自宅の様子

②地域高齢者センター

続いて、高齢者のための地域センターを訪問した。ここは、元気高齢者のためのサロン、体操教室、趣味教室など、地域福祉の拠点となっている。いろいろなサークルや教室などがある。

地域高齢者センター

カリタスという福祉組織が、ミュンヘン市から委託を受けて事業を展開している。多くの高齢者の交流の場となっており、元気高齢者が多く利用している。また、介護などの相談を橋渡しする機能がある。ミュンヘン市内では、いくつかの相談センター（日本でいう地域包括支援センターのような施設）が創設され、相談窓口がしっかり整備されている。

③高齢者住宅に住む一人暮らし高齢者

次に、高齢者住宅に暮らす高齢者宅を訪問した。この高齢者住宅は、毎月 2000 ユーロで食事もついており（食堂）、医師やヘルパーステーション、管理人機能などしっかりとした住宅である。

ここに住んでいるＢさんは旦那さんが亡くなり、身の回りのことなど大変になったので、高齢者住宅に転居したという。介護施設も考えたが、高齢者住宅のほうが自由度もあり快適と考えたという。多くの高齢者がここに住んでいるということであった。

日本とドイツで住むことを比べたら、どちらがいいかと聞いたが、「個人差があるので」ということであった。ただ、ドイツのよいところは、「バカンスという３週間程度の長期休みがあるため、長期に帰宅できるので、その点はドイツ習慣のほうがよいのではないか」ということであった。

(5) 在宅介護は外国人家政婦が支える

南ドイツで家政婦紹介業を営んでいる事業所の責任者にもインタビューを行った。家政婦は正規ルートになると、毎月約 3000 ユーロの賃金が生じるが（州によって異なる）、実際はグレー市場が存在して、毎月約 1000 ユーロで働く家政婦もいるという。

いずれも外国人労働者ではある。正規ルートの家政婦は労働権も認められ社会保険も適用されており、待遇はドイツ人と変わらない。

しかし、グレー市場の家政婦は労働権も充分に認められず、かなりハードな待遇で働いている。基本的には住み込みではあるが、両者には待遇の面で非常に違いがある。特に、昨今、ルーマニアがEUに加盟したため、「人」の移動が自由になり、グレーで低賃金な「家政婦」市場がある。例えば、ルーマニアの医師の賃金は、毎月約350ユーロだが、家政婦としてドイツに出稼ぎに来ると、約3～5倍以上の賃金が稼げる。そして、2か月ぐらい住み込みで働き、自国に戻れば裕福な暮らしができる。昔はポーランド人が多かったが、現在ポーランドも経済的に豊かになりつつあり、ブルガリア人やルーマニア人、ハンガリー人などが増えているという。

基本的に家政婦なので、認知症の独居高齢者を住み込みで看ることもできるし、買い物・掃除あらゆることを担う。毎月住み込みで約1000ユーロを支払うだけなので、雇い主は使い勝手がよいのかもしれない。ドイツの場合、介護施設に入居すると自己負担だけでも約1500ユーロの負担となる。その意味では、自宅で家政婦を雇用したほうが安く済み、しかも自宅で暮らせるため、グレーな家政婦市場が存在していると考えられる。

(6) ベトナムの看護師候補者

その後、筆者はフランクフルトに移動して看護学校と病院を訪ねた。ここでは、ベトナムからEPA（二国間協定）によって、看護師として勉強しているCさんが案内してくれた。

彼女は看護学校で学んで2年が過ぎ、もうすぐ卒業になる。その後は、ドイツの病院で働くという。この学校では、ドイツ人も含め多くの国から学びに来ている。約400名のうち40名ぐらいがベトナム人だという。そのほか、ボスニア、コソボ、東欧諸国、北アフリカなど様々だそうだ。

病院では実習を通して、学びと現場経験も豊富にできるという。寮も一人部屋で、快適な暮らしをしながら勉強しているという。医学の知識が難しいので、頑張って勉強をしているという。

附属病院（実習機関）

(7) ドイツ視察を振り返って

ドイツ人らは、イメージが悪い介護職に就きたがらない。そのため、多くの介護現場では外国人介護スタッフに頼り、彼（女）らなくしてはドイツの介護現場は成り立たない。

そこで、関係者とのヒヤリングの中で2020年度から「介護と看護教育の統合改革」が実施され、２年間は同じ教育プログラムで、残り１年が①通常医療の看護・介護師、②小児看護・介護師、③介護を中心とした看護・介護師、のような資格の大改革が始まるという。これによって幾ばくか、ドイツ人の介護人材不足対策の１つとして機能するのではないかと期待されている。

4 技能実習研修生制度の活用

(1) 主流は技能実習制度

これまで本書でも述べてきたが、EPA 事業よりも技能実習制度に基づいた外国人介護士候補者の受入れのほうが期待されている[1)]。

仮に、他の産業のように技能実習制度を用いて、外国人介護士候補者の受入れが加速化されるならば、多くの外国人介護士が日本で働く可能性が考えられる。

ただ、既に述べたEPA 事業のような丹念な研修カリュキュラム（教育システム）が担保されるかには不安がある。現実的には技能実習制度を用いて外国人介護士候補者を受け入れる場合、時間的制約がある。

介護現場では、単に「人」の身体ケアをするのだけではなく、高齢者などとコミュニケーションをとりながら精神的な支えとならなければならない。外国人が日本でこのような役割を担うには、それなりの時間と研修が必要である。そのような意味で、今後、マンパワー不足が懸念されるとしても、決して介護従事者の主流は外国人であるべきではない。

ただし、筆者は、外国人介護士を排除する考えではない。むしろ、将来的には、部分的に専門性が担保された外国人の「労働力」が不可欠なときも来るであろう。しかし、既述のように主張する背景には、優秀な外国人介護士を養成するためには、日本人の介護士らが現場で主流となり、その専門性を外国人らに教示することが必要となる。

(2) 安い労働力輸入の危険

仮に、外国人介護士の受入れのハードルを低くし、その受入れが実施されるのであれば、今後、質の高いマンパワーを確保できる保証はなく、むしろ、「円」を求め安価な外国人労働者が流入し、結果的に介護サービスの「質」の低下も招きかねない。

もちろん、現在働いている外国人介護士は、「質」の高い優れた人材が多く、サービス水準も高い。しかし、条件付きとはいえ労働の自由化が進めば、現行の外国人介護士よりも、「質」の低い人たちが来日する可能性が充分に考えられる。

(3) 人材不足対策でなく互恵性の視点

基本的に外国人介護士の受入れにおける「理念」としては、「互恵性」の視点が最重要と考える。日本の介護士不足から賃金水準の低い東南アジアの労働者に協力を求めるといった考えは、結果的には経済目的の外国人介護士を受け入れる傾向となり、日本の介護サービスの低下を招いてしまう。

しかも、介護人材不足の「理念」が先行すると、日本国内で「介護」は外国人が担う職業というイメージが根付く懸念がある。今後も、多くの日本人介護士を必要とする介護労働市場において、曖昧な理念で外国人介護士を受け入れてしまうと悪影響を来してしまう。その意味では、外国人介護士を受け入れるには、以下のポイントを踏まえながら実施していく必要がある。

第一に、東南アジア人の「年長者」を思いやる慣習が残っている背景から、外国人介護士候補者を日本で受け入れ、彼（女）らと日本の介護士らとが一緒に働くことで、お互いに切磋琢磨して日本の介護サービスの質を向上させることを目的とする。

第二に、東南アジア人の介護士候補者を受け入れることは、先進的な日本の介護技術や施設運営を、彼（女）らに習得してもらう機会となり、国際的な技術提供となる。

第三に、将来、東南アジアも高齢化社会となり介護ニーズが高まる。そのため、日本の介護技術や施設運営が、東南アジアを中心にした外需産業となる可能性があり、将来の投資という意味で、外国人介護士候補者を受け入れていく。

第四に、グローバル化の中で外国人介護士候補者を受け入れる延長線上に、結果的に日本の介護人材不足を補うことになる。

以上のような「理念」を基に、外国人介護士候補者の受け入れを考えていくならば、サービスの「質」を保ちながら、受け入れのためのシステム構築を練っていけるのではないかと考える。

なお、今後、既述の30万人の介護士を供給するうち約6万人については外国人介護士に協力を求め、それ以上は求めないといった緩やかな規定も考えていくべきである。

ただ、単に6万人といっても、この先10年間で、毎年6000人の外国人介護士候補者を受け入れていくことになり、相当な教育システム構築が課題となる。

5 財政的に厳しい

介護保険制度は必要不可欠な制度であるものの、財政的に非常に厳しい状況である。そのため、外国人介護士の自由化を促進する背景には、介護人材の大幅な賃金水準の引上げが実施できないことと、介護保険給付費の大幅な上昇を抑制する問題とが深く関連していると考えられる。

そのため、単に介護現場が人材不足であるから、外国人介護士にその代替を求めるという議論は、日本人介護士の賃金水準の向上を阻む結果にもつながる。

確かに、日本の生産年齢人口の減少を考えれば、将来的に外国人介護士の協力を得なければ介護現場を支えていくことはできないかもしれない。既に世界中で、医療・福祉領域の人的な移動は活発である[2)]。

しかし、そうではあっても、大部分は日本人介護士が日本の介護現場の主流であり続けるべきである。そのため、例えば、これから必要とされる介護人材のうち、外国人介護士は３割未満しか認めないといったルール作りが必要ではないだろうか。

そして、この先、繰り返すが外国人介護士の問題を、単なる人材不足の論点で理解するのではなく、社会保障全体の枠組みで議論するべきである。

6　介護を投資と考える

しかし、介護保険かつ公費による自治体福祉サービスの拡充には、多くの財源確保が必要となる。そのため、介護を「社会投資」として社会が理解していく必要がある。近い将来、団塊ジュニア世代の「親」世代が要介護者となる年齢層に達する。

つまり、社会的な介護システムが機能しなければ、親の介護が重くのしかかり「介護離職」といった問題が深刻化し、労働力維持にも問題が生じるであろう。特に、70歳まで働ける社会を目指すのであれば、親の介護は社会が担わなければ安心して働き続けることは難しい。

また、介護職等の賃金をアップして雇用が増大すれば、彼（女）らも消費者であることに変わりはなく「内需」の牽引役として期待できるであろう。しかし、介護人材不足に期待が寄せられている外国人介護職員は、母国に仕送りする関係で内需刺激策としては限定的だ。

介護において「社会投資」という価値観が浸透されれば、国民も介護のための増税や保険料引上げに対する抵抗感が軽減され、給付費増大のための財源確保が可能となると考える。その意味でも、労働者が安定して働き、生産性を向上させる意味での「高福祉高負担」といった介護施策が急がれる。

7 利用者が選ばれる時代に

かつて金融庁「市場ワーキング・グループ」による報告書で、老後2000万円問題が明るみとなり、老後に備えるためには一層「お金」が重要という価値観が浸透した。

2019年8月30日に公表された内閣府「国民生活に関する世論調査」でも、今後の生活の力点として「健康」を挙げた者の割合が66.5%と最も高く、次に「資産・貯蓄」(30.9%)であったことから、資産次第で老後の生活が左右するといった意識が根付いている。

2018年度の65歳以上の厚生年金月平均受給額は男性が約17.3万円に対して、女性が10.9万円と差が大きい。しかも、国民年金のみの場合、月平均受給額が約5.2万円であるから、たとえ持ち家があったとしても、一定の資産がなければ老後の生計維持は厳しいと誰もが予測する。

しかし、筆者は老後の備えを経済的側面ばかり気にしていると、大きな罠に陥ると言いたい。いわば「支えられ上手」な高齢者になるか否かで、老後の生活は変わっていく。

なぜなら、誰しも老後は多かれ少なかれ「介護」が必要となり、誰かに支えられなければ安心した老後は送れない。しかし、深刻な介護人材不足によって、2035年団塊世代が全て85歳となる時期、一挙に要介護高齢者が増え、高齢者がヘルパーなどの介護従事者に選ばれる時代が来る。

実際、現在でも地域によっては、ヘルパー派遣を依頼しても、「人がいないので、ご要望には応じられない」といった事態が生じている。特に、「あいさつしない」「無愛想」「家族が小言をいう」など、人柄に問題のあるケースは、プロのヘルパーでも避ける傾向にあるのだ。

いくら需要があっても、供給減となればヘルパーは利用者を選ぶ立場になる。今、全国的に介護業界の需給関係が崩れつつあり、供給側が有利な立場となっている。

市場経済は利用者側にも選ぶ権利はあるが、逆に供給側にも選ぶ権利があり、要介護者といった弱者であっても例外ではない。お金さえあれば、老後は何とかなるといった価値観は、超少子高齢化時代には通用しない時代といえよう。

注

1）2014年3月5日外国人労働者の受入れを検討する自民党の会議
2）岡伸一『グローバル化時代の社会保障―福祉領域における国際貢献―』創成社 2012年 192頁

≪執筆者一覧≫

◎は編著者

◎第１章　結城　康博（淑徳大学　総合福祉学部　教授）

第２章　鷹橋　紀幸（介護ヒロシマ協同組合）

第３章　平野　幸一（特別養護老人ホーム施設長）

第４章　奥脇由利子（奥脇行政書士事務所）

◎第５章　金井　怜己（オオカ商事ベトナム駐在員事務所長、元名古屋大学特任講師）

第６章　永井　小夜（日本語教師）

第７章　米村　美奈（淑徳大学　総合福祉学部　教授）

第８章　松山　美紀（専門学校講師）

第９章　小滝明日実（介護福祉士）

第10章　金井　怜己（前　掲）

終　章　結城　康博（前　掲）

事例でわかる　介護現場の外国人材
受け入れ方と接し方ガイド

令和3年2月1日　第1刷発行

編集代表　結城康博・金井怜己

発　　行　株式会社ぎょうせい

〒136-8575　東京都江東区新木場1-18-11
URL：https://gyosei.jp

フリーコール　0120-953-431

ぎょうせい　お問い合わせ　検索　https://gyosei.jp/inquiry/

〈検印省略〉

印刷　ぎょうせいデジタル株式会社

ISBN978-4-324-10922-9
(5108669-00-000)
〔略号：介護外国人〕